新版

小さな会社★儲けのルール

For Biginner

ランチェスター経営
7つの
成功戦略

中小企業コンサルタント
竹田陽一
零細企業コンサルタント
栢野克己

フォレスト出版

『小さな会社★儲けのルール』新版に寄せて

『小さな会社★儲けのルール』が２００２年に出版され、14年が経過しました。

正直なところ、この本が12万冊以上も売れるとは思ってもいませんでした。

しかしこれまでに、わたしの事務所にも読者から感想文が何通もきました。その内容を見ると「事例がいくつもあり、しかも経営規模が小さな会社が中心になっているので、とてもわかりやすかった」、あるいは「とても実践的なのですぐ応用できるところがいくつもあった」という内容が、とても多くありました。

このような感想が寄せられると、著者の１人として大いに元気が出ます。

日本の場合、個人企業まで入れると、従業員10人までの会社が80％、30人までが94％も占めているのですから、将来起業して自分で経営をしたいと考えている人を初めとして、従業員30人以下の社長に焦点をあてた本が何冊もあって良いのですが、実際に調べてみると、これが意外に少ないのです。

もちろん、「小さな会社の○○」という題名の本は、これまでに何冊か出版されています。しかし、内容をよく読むと大会社の話が多く、事例も大会社ばかりが挙げられています。しかも、アメリカのマーケティングやマネジメント理論でまとめたものがほとんどで、小さな会社とは名ばかりです。

こういった本を読んで失望した人が、『小さな会社★儲けのルール』を読んで気に入ってくれ、感想を送ってくれたのでしょう。


このたび、新版の発行に際して、文中の事例を大幅に入れ替え、従業員30人以下の社長により役立つ本を出版することになりました。

この本が出版されたあとは、栢野克己さんが「毒舌経営説法」のセミナーを各地で開く予定になっているので、楽しみにしていてください。

この本が、日本全国の経営者の方々にさらにお役に立てることを願っております。

2016年7月

ランチェスター経営㈱　竹田　陽一

押し売り宣言！

もし、あなたが本気で独立を考えているなら――。

すでに独立したものの、うまくいかなくて困っているなら――。

いますぐこの本を買うべきです。

押し売りします。ウソではなく、ホントに。

それにはちゃんとしたワケがあるのです。

そのワケの一つは、わたしが企業調査会社に勤めていたとき、１６００社の倒産取材をしましたが、倒産ほどみじめなものはありません。あなたにはそうなってほしくないからです。

二つ目は、これまで独立に関する本、独立して間もない人が読む本が何冊も出ていますが、この本の内容がもっとも良く、もっとも真実を伝えているからです。

独立に成功するには、あるいは独立後、経営を軌道に乗せるには、まず経営を構成している大事な要因をはっきりさせなければなりません。

次に大事な要因の一つひとつのウェイト付けをしなければなりません。

こうしたあとで実行計画を立てて力強く実行に移ると、効率が良く仕事に集中できますから、新しく始めた事業の成功率が高くなります。

これに対して、経営を構成する大事な要因をはっきりさせなかったり、かりに大事な要因をいくつか考えたとしてもそのウェイト付けをしなかったならば、ワケがわからないまま経営を進める結果になります。

これでは経営効率がひどく悪くなりますから、いくら努力してもうまくいかないのです。ところが経営の中心部は形がなくてつかみどころがないので、経営を構成している要因をはっきりさせる作業がとても難しくなります。これが原因となって、独立する人、独立したばかりの人は、なにが一番大事であるか、ワケがわからなくなってしまうのです。

経営の大事な要因をはっきりさせるには、まず、

「とらわれず、こだわらず、偏《かたよ》らず」

の空《くう》の心になり、そのあと次のことを考えると答えが出てきます。

人は食事からとるカロリーで生きています。

もし必要なカロリーが得られなくなると、徐々にやせていき、やがて死んでしまいます。

会社という組織体は粗利益によって生きています。

人件費はもちろん、借入金の返済も粗利益の一部から支払われています。

もし、必要な粗利益が不足すると会社の体は赤字によって徐々にやせていき、やがて死んでしまいます。

倒産です。

倒産しないためには必要な粗利益を、しかも一定して確保しなければなりません。

その粗利益は、お客のお金と商品を交換したときに生まれます。会社のなかでは伝票を書いたり帳簿を付けたりと、実にさまざまな仕事がされていますが、お客のお金をもらったとき以外で粗利益が出る仕事は一つもありません。

どんな会社もどんな産業も、お客がいなければ生存できないのです。

これは経営の大原則になります。

これらの事実から経営について考えるときは、お客を出発点にして考える「お客起点の経営発想」でなければならないことがわかります。

お客起点の経営発想で経営を構成する大事な要因を考えると、次のようになります。

それは、どのような商品やサービスを、どこの地域の、だれに対して、どのような売り方をするか。一度取り引きしたお客をどうやって維持するか。

こうした仕事を実行するときに欠かせない従業員は何人採用し、各人の役割分担はどうするか。こうしたことを実行するときに必要な資金は、どこからいくら集めるか。

最後にこうした仕事を1日あたり、あるいは1年間に何時間するか、ということになります。

さらにこれらのウェイト付けをしなくてはなりません。

これらについては、本文中にくわしく書かれていますので、じっくりと読んでください。

このような原則からお客を作る営業方法が未熟で弱かったり、さらに商品に魅力がなくて競争力がなかったならば、いくら就業規則に万全を期したり賃金制度にお金をかけても業績は決して良くならないのです。

ところが人は何事も自己中心的に考えるばかりか、ことのほかお金にとらわれているので、お金、つまり会計が一番大事だと考えています。その証拠に独立に関する単行本や雑誌を読むと、公的資金の借り方や就業規則など、内部の記事が大半を占めています。

そして、売ろうとしている商品に関心がある見込み客をどういう方法で見つけ出し、その見込み客にどうやって商品を販売するか？　一度取り引きしたお客をどうやって維持するか？　などについてはまともに書かれていません。書かれていたとしてもほんのわずかなのです。これではまったく役に立ちません。

その原因はいくつもあるのでしょうが、まず記事を書いた人が経営の要因をはっきりさせていないうえに、そのウェイト付けをしていないからです。さらに記事を書いた人自身が営業をして1位になった経験がないからです。結局、独立するときは個人企業がいいか、それとも株式会社がいいかなど、的はずれの記事でページをうめているのです。

この本は、お客を出発点にし、さらに営業中心にまとめていますから、本気で独立を考えている人、独立後うまくいかず立ち止まっている人にはとても役に立つはずです。

「転ばぬ先の杖《つえ》」としてこの本の購入を強くすすめます。

いや、押し売りします。

なぜなら、そうすることが必ずあなたのためになるからです。

みなさまの今後のご活躍をお祈り申し上げます。

竹田　陽一

新版　小さな会社★儲けのルール　もくじ

『小さな会社★儲けのルール』新版に寄せて　1

押し売り宣言！　3

プロローグ★社長にはだれでもなれるけど……

「社長」にはだれでもなれる　20
独立後10年続くのは2割だけ　21
だれでも簡単にできる商売はない　23
倒産取材を1600件やってわかったこと　25
経営相談を1000件受けてわかったこと　27
世の中の情報の9割はあなたのビジネスには適用できない。なぜかと言うと……　30

儲けのルール★1

小さな会社が成功するために～弱者の基本戦略～

あなたの経営目的はコレだ！ 34
経営は戦争だ！ 40
勝つための「戦略」と「戦術」の違いを知ろう 42
全社的な勝ち方のルール「ランチェスター法則」とは？ 44
第1法則は一騎打ち戦 46
力の差が2乗となる第2法則 48
「強者の戦略」と「弱者の戦略」 51
あなたは「強者」？ それとも「弱者」？ 55
あなたのための経営戦略ポイント 57
経営の中心要因を知ろう 58
ウェイト付けが大切 60
経営戦略7大原則 62

儲けのルール★2 成功する天職・ビジネスの選び方〜弱者の商品戦略〜

あなたの「天職」はなんですか？ 64
セットで決めよう「中心」と「幅」 66
評論家の言うことを信じてはいけない 67
商品戦略成功例① 同業はこわい人たちで、宝の山をあてた「たこ焼き」 69
目指せ！ 小さなナンバーワン 72
商品戦略成功例② 大手コンサルがバカにする小さな仕事 74
大企業がバカにする業種・商品を狙え！ 76
商品戦略成功例③ 「障害者向け旅行」でオンリーワンのサービス 78
同業が弱い業種は勝ちやすい 81
商品戦略成功例④ 17年間の赤字の末に日本一の無添加石けんメーカーに 82
「手作りローテク商品」の見直しと「シンデレラ商品」 84
商品戦略成功例⑤ アパレル業界の都落ちで復活 85
用途を限定した○○専用商品で絞っていこう 86

商品戦略成功例⑥「短髪専門」で四国一に 87
細分化で新発見！ 89
商品戦略成功例⑦日本初「男の夜間診療所」 90
売る側と買う側のズレがチャンスを生む 93
古い業界のやり方を変える 95
やってはいけない二つのこと 97
商品戦略成功例⑧大手がやらない住宅リフォームに一点集中で急成長 99
強い商品が見つからなくても大丈夫 102
商品戦略成功例⑨メイン商品は料理でなくサプライズ 103
商品戦略4大原則と八つのヒント 105

儲けのルール★3 成功する事業エリアの選び方～弱者のエリア戦略～

「商品戦略」よりも重要な「エリア戦略」 108
アメリカにはないエリア戦略 109
お客が多いところは敵も多い 111

東京で三流よりも田舎で一流を目指そう　113
エリア戦略成功例①　過疎地の結婚式業で上場会社に　115
地方でもだれも行かないエリアを狙う　117
エリア戦略成功例②　だれも行かない場所への出店で年商25億円　118
都市なら盲点・死角をまず狙おう　121
営業エリアは狭くしよう　123
エリア戦略成功例③　営業エリアを100分の1にして年商・年収3倍に　126
究極の「陶山訥庵」エリア戦略　129
エリア戦略成功例④　営業エリアを一歩でも出たらクビ　132
エリア戦略成功例⑤　4倍の差がついたローソンとセブンイレブン　134
エリア戦略成功例⑥　毎年ベスト3をキープするダスキンの秘密　136
信念の人になるには、やけどが必要なこともある　137
エリア戦略3大原則と四つの効能　140

儲けのルール★4 **成功する客層の選び方**～弱者の客層戦略～

売る相手は絞る 142

客層戦略成功例① 美容室と飲食店専門の税理士 143

客層戦略成功例② 借金40億を16年で完済した「オヤジ戦略」 144

客層戦略成功例③ 「うつ病専門？ そんな仕事はしたくない」 146

客層戦略成功例④ 熟年層をターゲットにして東証２部上場 147

自分の顔と性格を考える 148

客層戦略成功例⑤ 若者を捨て、主婦パートに特化した求人で地域ナンバーワン 149

法人向けも大企業と中小企業では違う 152

客層戦略成功例⑥ シニア層の触れ合いの場で日本最大級の生徒数に 154

客層戦略３大原則 156

儲けのルール★5 **成功するお客探し**～弱者の営業戦略～

どの営業方法があなたにピッタリか？ 158

営業スタイル百花繚乱　160
営業戦略成功例①　15枚ハガキで年収2000万円　162
メーカーが陥りがちな難しい営業ルートとは？　164
商社、問屋をすっ飛ばしてもうまくいく方法　166
営業戦略成功例②　成功のヒントは自分で考えないこと　167
独自の販売代理店・FC組織を作ってみるのも悪くない　169
営業戦略成功例③　代理店＋勉強会で怪しい戦略教材を拡販　170
営業戦略成功例④　無料のYouTube投稿で人生逆転！　172
エンドユーザーへ直販する　174
新規開拓ではノイローゼになる人が続出　176
なぜ新規開拓は断られるのか？　178
お客はあなたを傷付けるつもりはない　180
断られにくい「再度訪問式」の営業　181
営業は質より量＝面会件数が決め手　184
訪問型以外の「金をかけずに見込み客を集める」方法　186
営業戦略成功例⑤　母子家庭の親子営業で成功　190

営業戦略成功例⑥ チラシを手渡し、あいさつすれば、もっと効果的 194
営業戦略成功例⑦ マスコミよりミニコミで大成功 204
営業戦略成功例⑧ タウン誌に「再度訪問式」広告を載せて大人気 205
嘆く前に、まずはヤルこと 210
営業戦略3大原則 212

儲けのルール★6 成功するお客の育て方～弱者の顧客戦略～

お客とのコミュニケーション能力を高める 214
リピーターをしっかりつかめばラクになる 216
顧客戦略成功例① ケーキ教室とハガキで大逆転！ 217
3ステップで経営安定 220
初めての人に好かれて「お客」になってもらうためには、なにをすればいいか？ 223
お客から好かれるための名刺・封筒作り 225
お客から好かれる電話・FAX対応のコツ 231
顧客戦略成功例② 感謝を態度に示して窮地から脱する 234

顧客戦略成功例③ 漢字も知らない、字もヘタくそ。それでも出すことに意義がある 236
「お客」に気に入られて「リピーター」になってもらうにはどうしたらいいか？ 237
顧客戦略成功例④ 小さなコーヒー店がウラでやっている努力 239
気に入られるために考えるべきこと 242
だれでもできるハガキで感謝 244
「リピーター」がほかの人にも紹介してくれるような
「ファン」になってもらうにはなにをすればいいか？ 249
顧客戦略成功例⑤ ハガキやイベントで顧客に感謝 251
顧客戦略成功例⑥ 1日3人の新規顧客の顔を覚える河原社長 252
わたしの顧客戦略実例 253
顧客戦略成功例⑦ 小さな自転車屋さんの余計なお世話 255
「うらみ」と「のろい」と「たたり」の経営 258
顧客戦略4大原則 260

儲けのルール★7 成功するためには長時間労働が不可欠〜弱者の時間戦略〜

世の中はお金か人間性か？ 262
人生の成功公式 264
「才能」や「過去の蓄積」がなくてもがっかりしない 270
人の3倍働くとは時間で言えば1・7倍でいい 272
「思いは実現する」に必要なこと 275
時間戦略成功例 成功者はみんな結果的に長時間労働をしている 277
「長時間労働は時代に合わない」か？ 280
上手な時間の使い方 282
時間戦略5大原則 284

あとがき 285

本文デザイン・装丁　川島進デザイン室
本文イラスト　川野郁代
ＤＴＰ　沖浦康彦

プロローグ

社長にはだれでもなれるけど……

「社長」にはだれでもなれる

大企業に就職し、部長や支店長、果ては取締役になるのはとても難しいことです。実力に加え、派閥や上司に対する処世術も必要。長いこと辛抱しなくてはいけません。でも、「社長」になるのは簡単です。「躍進商会」なんて適当な社名をつけ、スピード名刺屋に原稿を渡すと、30分後には「躍進商会　代表　山田進一」という名刺ができ上がり、その瞬間からあなたも「社長」です。

本屋の独立コーナーに行くと「株式会社の作り方」なんてものがたくさん並んでますが、独立は別に株式会社や有限会社などの法人を作らなくてもできます。

日本には法人企業は２００万社近くあり、個人事業主も同程度くらいいます。つまり、企業、個人商店を合わせると、「社長」は約４００万人です。

日本の労働人口は約５４００万人ですから、大人の14人に１人は社長になるのです。ウソだと思ったら、夜の飲み屋街に行って「社長！」と呼んでみてください。歩いている人のかなりの人が、自分のことだと思って振り返るはずです。

ポイント！ 日本人の大人の14人に1人は「社長」。「社長」になるのは簡単だ！

独立後10年続くのは2割だけ

このように、「社長」になるのは簡単。

難しいのは続けることです。２０１１年の「中小企業白書」によると、独立して1年で約4割が廃業し、10年間同じ会社を経営している人は2割弱しかいません。つまり、独立したほとんどの人は失敗しているのです。

成功した人は自らしゃべるし、新聞や雑誌にも紹介されます。

でも、失敗した人は黙ってますからわかりません。

株式会社や有限会社にした人は、法務局で新設会社登記を調べればわかりますが、最初は個人事業として独立する人がほとんどです。最初は個人で独立して、何年かたってから法人にする人が多いです。

個人事業で失敗した人は黙ってます。経歴書にも書きません。失敗してまたサラリーマンに戻りますなんて、口が裂けても言いません。再就職の面接時には、ブランク期間を「女房の実家を手伝っていた」とか、ウソばっかり言いますね。

わたしが企業調査会社にいるとき、独立者の実態を調べるのに400社の謄本をとったんです。それだけでは足りないので、取引先の社長などに最近独立した人はいませんか？などときいて100社を実態調査しました。結果は半年以内に4割が廃業していました。

手持ちの金がなくなった廃業ならいいですよ。無理して続けると高利の借金をしなくてはいけません。そうなったら大変ですね。

こういう個人事業も含めた独立当初の正確な統計データはないんです。わたしがこの400社を調べたデータをテレビ局に送ったら、おもしろいということで番組を作ることになりました。でも、独立して失敗し、サラリーマンに戻った人に番組に出てくれと頼んでも、だれも出演してくれませんでした。そんな恥ずかしいと。

こういうわけで、わたしが調べた範囲では半年で約4割が廃業・倒産してました。

それから別なデータでは、3年以内に取扱商品や業種が8割以上変わっていました。最初はコピー機の販売をしていたのが、2年後には健康食品に変わっているとか。

それほど、独立・経営というものは思ったとおりにはいかないんです。

でも、それがあたりまえと思えばいいんです。

失敗と思うか良い経験をしたと思うかなんです。

エジソンが電球を発明するのに6000回の失敗をしましたが、それは6000回の検証をしたのであって、失敗ではないのです。ホンダもソニーもそうですね。

ポイント
「社長」になるのは簡単だけれど、それを続けるのは容易ではない！

だれでも簡単にできる商売はない

昔もいまも、軽いビジネス誌やサイトには「だれでも簡単にできる商売」などと書かれていますが、それは大ウソです。その大半は悪徳フランチャイズみたいな保証金パクリ型が多く、実態は「元締にとっては素人をだまして簡単に儲かる商売」です。

昔、わたしが企業調査会社にいたときに調べた会社がそうでした。

それは出資金パクリ型。「300万円出せばその会社の取締役になれる」というもので、毎週取締役が増えていました。当時、日本で一番取締役が多かったのが新日鐵でしたが、その会社は新日鐵も抜いて40数人の取締役がいましたね。

そして毎月1回取締役会議に出ると、重役手当を5万円支払う。なんのことはない、300万円のなかから少しずつ返しているだけなんです。これで信用させるんですね。でも、この支払いを長く続けるとパーですから、早く集めて早く逃げる。いつ逃げるかなぁと待ってたんですが、最後は空港で捕まりました。いまでもこの手のパクリ型は多いですよ。

確かに、だれでもすぐに社長にはなれますが、社長になって経営を10年、20年続けることはとても難しいのです。

独立して失敗すると経済的な損失が出るだけでなく、再就職にも苦労します。

若ければまだいいですが、40歳過ぎた「元社長」は嫌われることが多いです。

わたしの会社でも過去に何人か「元社長」を雇いましたが、人に使われることを忘れていて威張ってばかりで横着。言うことをききません。こうしなさいと言うと、「おれにはおれのやり方がある」なーんて言うんですが、自分はそれでつぶれたことを忘れている。

くれぐれも、「小資本でだれでもできる」なんて雑誌の記事や本をそのまま鵜呑《うの》みにしてはいけません。

だれでもできるようなことは競争相手がすぐに増えて、マーケットの取り合いになって食えなくなるのです。だれでもできるような仕事には絶対に手を出してはいけません。

ポイント **だれでも簡単に儲かる仕事は存在しない。あったとしても、競争相手がいっぱいだ。絶対に手を出すな！**

倒産取材を1600件やってわかったこと

わたしは東京商工リサーチという企業調査会社に16年間勤め、約3500社を実際に取材、調査しました。

さらにこれとは別に約1600社の倒産した企業を取材しました。

元気な会社や伸びている会社の取材は楽しいですよ。でも、倒産の取材は大変でした。

借金のない廃業はいいですが、大きな借金を抱えた倒産は悲惨です。夜逃げや離婚はあたりまえで、ガス自殺や首つり自殺の現場に何度も遭遇しました。

倒産後の債権者会議にも約200回参加しました。倒産した企業の社長と債権者の大ゲンカや、泣きわめく姿も山ほど見ました。

普通のマスコミの記者は、自らここまで深く取材しません。あの会社は伸びてる、売上げが落ちてる、倒産したとか、企業の広報・オモテ玄関からの記事が大半です。

幸か不幸か、企業調査会社の取材はウラ情報も取らねばなりません。いわば、企業向けの探偵みたいなもので、当時は嫌がられる仕事でした。

ただ、あるときに気づいたのです。この企業調査は嫌がられる仕事だが、良い会社も悪い会社も、まさに現場の生情報が山ほどある。こんなデータと生の経験ができる職場はほかにない。マスコミやコンサルタント、学者やシンクタンクの人では編み出せないなにかを発見できるのではないかと。

また、倒産取材を1600件もやるうち、最初はこんな悲惨な取材はイヤだ、なんてバカな社長・会社が多いのかと思っていたのですが、ある意味では倒産・廃業もあたりまえなのだと気づきました。人と同じく、法人もいつかは死ぬ。

事実、会社が倒産した後は、従業員はほかの会社へ転職し、お客も他の会社へ流れていきます。年商5億円や10億円の会社がつぶれても、その近所の人たちはほとんど気づきません。

当事者にとっては大事件ですが、世間一般では別に影響はほとんどないのです。大手の電機メーカーや航空会社が倒産しても、その時々の当事者とマスコミが騒ぐだけで、部外者は関係ない。「へぇー」で終わりです。

つまり、倒産は人の死と同じく、単なる「富の再循環」なんですね。

ポイント！ 企業は人と同じでいつか死ぬ。倒産は単なる「富の再循環」でしかないのだが当事者にとっては大事件。

経営相談を1000件受けてわかったこと

企業調査会社を経て、田舎の経営コンサルタントとして独立して34年。いままでに講演・研修実績は約4300回、本も書店ルートで21冊出し、累計で約53万部が売れました。

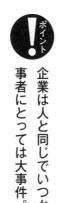

東京の有名な経営評論家やコンサルタントに比べると大したことはないですが、九州・福岡というローカル在住のコンサルタントではまあまあの成績でしょう。

また、23年前から中小企業の経営者を対象とした経営戦略のCDやDVDの販売をしています。

いままでに開発したオリジナルCDは約150巻、ビデオは約100巻、総販売巻数は約3万巻。経営の基本戦略、商品戦略から財務戦略まで、フルラインで教材を開発したのは中小企業向けではおそらく日本ではわたし1人です。

この経営戦略教材を導入していただいている会社は約3000社で、これ以外に個別の相談は1000社くらい受けました。

経営相談は前向きの相談、後ろ向きの相談などさまざまですが、社長さんも本音と実態を話してくれます。企業調査会社と同じく、生《なま》の会社の実態に触れる機会が多いのです。

この約1000社の相談を受けてわかったことは、成功も失敗もその理由の約90％は共通していることです。「うちの業界は特殊で」とか「うちの会社は運が悪かった」とかいろいろ言い訳しますが、客観的にみると大差はない。

いまも昔も、経営の3分の2は江戸時代から変わらないルールがあります。3分の1は時代と共に変わりますが、根本の経営原則あるいは経営戦略は変わりません。

大半の人はサラリーマン時代の延長で独立します。

よく言われるように、社長と社員では10倍以上の差があります。たとえ現場の営業実績で社内ナンバーワンになっても、営業力と経営力はまったく別次元のものです。

つまり、現場の戦術と会社全体の経営戦略はまったく違うものなのです。

裸一貫、体あたりで成功する人もいます。偶然、経営原則どおりにやって成功する人もいます。実戦がともなわない勉強は机上の空論です。「経営はやってみなければわからない。コンサルタントの言うことはアテにならない」のも確かです。

しかし、1000社の相談を受け、倒産取材を1600社してきて、「この基本さえ知っていれば倒産することもなかったのに」「この原則さえ守ればもっと成功したのに」という悔しさがあります。

経営は実戦、経営学は机上の空論です。

しかし、実際に独立して直面する問題の90％の解決法が、すでに成功のトラの巻としてあるならば、それを先に学んでおくことは大事なことです。


ポイント！ 経営には原則がある。その原則を先に学んでおくことで、不必要な倒産を避けることは可能だ。

世の中の情報の9割はあなたのビジネスには適用できない。なぜかと言うと……

一部の天才を除き、人の価値観や基準は、その人の育った環境に大きく左右されます。具体的に言うと、育った家庭、学生時代、テレビや新聞、雑誌、本、就職先、親や友人との会話、情報です。

そして、大学3年生くらいから就職活動を始めますが、こんな時代でも、やはり大企業志向は変わりありません。

テレビをつければ大企業のCMばかり。残念ながら、ローカル地元のCMはどれもダサい。大学でも、いまだに優秀な大学になればなるほど、どれだけ大企業・上場会社に就職したかが競われる。

高校や大学では、大企業の事例を取り上げる経営学はあっても、中小企業や独立起業の実践的な授業はほとんどありません。

価値観に多大な影響を与えるマスコミ自体がみな、大企業。その情報やCMを集める記者や営業マンもみな、大企業志向で入社している。そして、大企業のCMが集まらないと、マスコミ自体が成り立たないようになっているのです。

そのため、大企業のマスコミからは中小零細企業にとって、ほんとうに価値のある情報は流れてこないのです。

経済界で圧倒的なシェアを握り、ステイタスがある一流経済新聞や経済誌もそうです。

普段、本を読まない人でも、これらの新聞や雑誌を手に取ったことはあるでしょう。

でも、新聞に載っている記事のほとんどは大企業や上場企業の記事ばかりですね。週に数回は「ベンチャー・中小企業のページ」もあるけれど、それでも約40ページのうちの1ページ程度。なぜ、大企業やマクロの日本経済の記事ばかりなのでしょうか。

実は経済新聞のスタートは「株式新聞」であり、毎日の株価情報を流すために創刊されたからなんですね。勢い、株式新聞＝株式上場している企業の情報が中心になるのは仕方がない。

しかも、記者と大企業の広報は仲良し。なぜなら、大企業は記事を書いてもらおうと広報部を通じて情報を流す。記者もネタに困るから大企業に足繁く通う。

広告も大企業が中心。ローカル面もありますが、そこも地元経済のマクロ情報と地場大手の記事ばかり。

経済誌も同じです。載っているのはトヨタがどうした、マクドナルドがどうしたという大企業の記事ばかりで、中小・ベンチャーのページはやはり、わずか数ページ。もちろん、広告も全国雑誌ですから、載っているのは大企業のイメージ広告ばかりですね。
中小零細企業の経営者は、自分で自分に役立つ情報を集めなくてはならないのです。

ポイント 世の中に紹介されている情報の9割は大企業のもの。大企業経営者でないあなたは、それをあなたのビジネスに適用してもムダである。

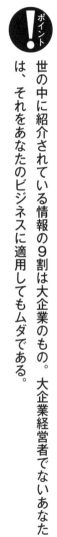

儲けのルール 1

小さな会社が成功するために

弱者の基本戦略

あなたの経営目的はコレだ！

いまからなにかをしようとする場合、まずは目的を明らかにしなくてはなりません。目的を間違えますと先に行くに従って狂いが大きくなりますので、まずは目的をはっきりさせる。

経営の目的をはっきりさせるのはものすごく難しいんですが、経営活動で粗利益が出るのは一体いつなのかと考えてみればわかります。

〈会社は粗利益で生きている〉

人が食事からの栄養で生きているように、会社の存続にも必要なものがあるのです。それは、粗利益。

100円で仕入れたものを200円で販売すると、手元に100円が残る。この粗利益の積み重ねが10万円、100万円となり、そこから自分の給与や家賃を支払う。ですから、粗利益がなければ会社はやっていけません。これは大昔から変わってないですね。

〈粗利益はいつ生まれるか〉

では、粗利益が生まれるのはいつかと考えましょう。

それは、商品とお客のお金を交換したときなんですね。お札に手が触れた瞬間にポンと粗利益が生まれる。

そのとき以外では粗利益は一つも生まれません。

油断すると、帳面をつけたり、会社のなかでなんだかんだしているときに粗利益が生まれると思ってしまいがちですが、そうではありません。

粗利益は、お客のお札に触れたとき以外には生まれないのです。

だから、お客からもらう小銭のありがたさがわからなくなったら、会社は倒れます。お客からいただく１０００円札、１００円玉から粗利益が生まれている。このことを忘れてはいけないのです。

それがつい、帳面をつけるとか管理とかが、経営だと言う。税理士や会計士や学者はこればっかりですからね。でも、管理とは単なる過去のデータのひっくり返しなんです。

そのデータはなにで生まれたのか。それはお客からもらう１０００円札などのお金です。ここを押さえなければダメです。全部最初に生まれたところを押さえる。

人によって、お客からお金をもらうことをやましいことだとか、遠慮する人がいますね。

商売人をバカにしている。そういう人は伸びません。それは経営というものを理解していないのです。

お客がふところからお札を出そうとしたら、サッと取るとか。ほんとはそれくらいやってもいいのです。

遠慮すると伸びません。それは自分がカッコつけてるだけなのです。個人の都合が優先されて経営の原則からはずれているのです。

〈経営の目的はお客作りにある〉

経営には粗利益が必要で、その粗利益はお客のお金をもらったときにしか生まれません。

ということは、経営の目的とは、

「経営の源であるお客を作り出し、その数を多くすること」なのです。

(経営の目的にはほかに「自己実現」とか「社会のため」などもありますが、ここでは個人的な目的は省き、経営の原則という意味で説明をしています)。

しかし、どの業界にも競争相手がいて、その多数の競争相手もお客の数を多くしようとやっきになっているから、お客の数が多いか少ないかは、多数の競争相手と比較して判断する必要があります。こういう見方を「市場占有率」とか「お客占有率」と言います。

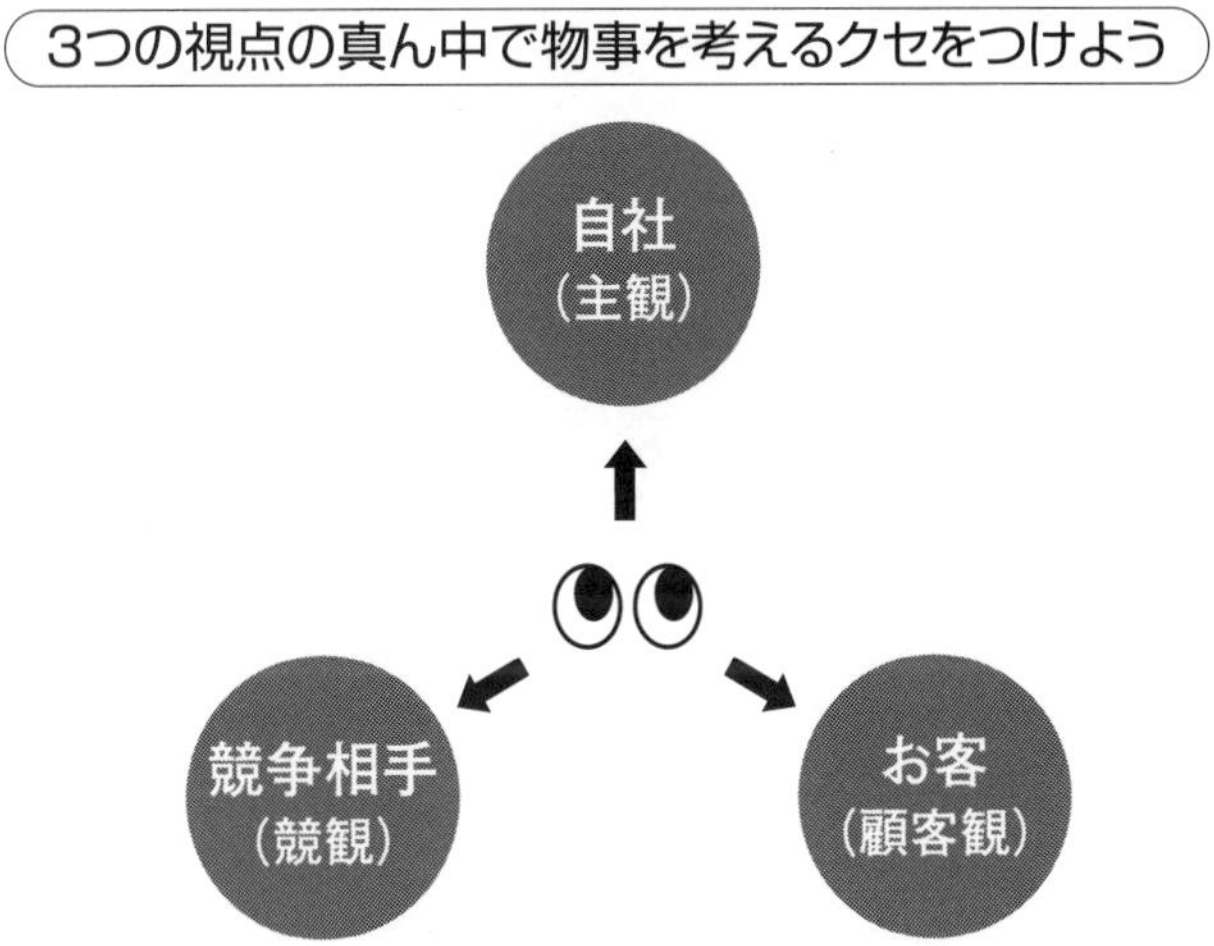

上図のように、経営におけるものの見方は三つです。自社から見た主観、お客から見た顧客観、競争相手から見た競観。この三つの真ん中で物事を考えることが大事なのです。

ところが、経営について考えるのは自分の会社や自宅で、そこにはお客も競争相手もいません。だから、ついつい主観だけで考えてしまいがちです。

独立で失敗する人は、自分のことしか考えていないことが多いです。とくに技術者や発明家タイプにはそういう人が多いです。

営業は？　競争相手との関係は？　ときいても、「いや、わたしがやれば大丈夫」なんて自分で舞い上がって、お客や競争相手のことを全然考えていない。

こういう人は1回、失敗したほうがいいで

すね。そうしないと経営の原則がわからない。みんな、最初は何回か失敗するんです。そのなかで学んで、ルールが大事だと、身をもって体験しないと本物にならないですね。だから、失敗も大事です。

〈なにかで1位を目指すこと〉

経営の目的はお客を作り出し、その数を多くすること＝市場占有率を高めることです。これを決算書が公開されている株式上場企業で確かめてみると、市場占有率1位の会社の業績は9割の確率で良くなっていますね。例外もありますがね。

しかも、1人あたりの経常利益は市場占有率の2乗に比例しています。市場占有率が2対1だと1人あたりの経常利益は4対1になり同じく3対1だと9対1になる。

つまり、1位の会社の1人あたり経常利益は、2位から4位の会社に比べて3～6倍も多くなっている。逆に2位から4位は1位の0・17～0・33しかありません。

ブリヂストンと横浜ゴム、日清食品と東洋水産、富士写真フイルムとコニカ、花王とライオンなど、各業界の1位の1人あたり経常利益は2位以下の2～4倍になっています。

ここで考えてもらいたいのは、たとえば花王はライオンの4倍も1人あたり経常利益を上げていますが（2013年度）、はたして花王とライオンの社員の能力に4倍もの差があるかどうかです。

知能や身体能力のテストをやっても、せいぜい数％から数割程度の差でしょう。とても4倍もの差があるはずがないですね。経営陣の戦略目標と実行力の違いによって経常利益に4倍もの差が出てしまっているのです。

この場合、経営原則ですから、上場企業に限らず小さな会社でも当然あてはまります。

小さな会社として独立する人も、長期目標では、なにかで1位になることを目指すべきだということです。

経営規模が大きくても、1位がとれない会社は利益が少ない。

一時期の日産やマツダがそうですし、サントリーのビールは46年も赤字でした。

だから、経営規模が大きな会社は儲かるけど、小さな会社は儲からないというのはウソなんです。

商品かエリアか、それに業界か客層か、直接、お客と関係するなにかで1番になることを目指すんです。

人は1番じゃないと覚えないし、紹介もしません。日本で1番高い富士山の名前は知ってても、2番や3番は知りませんね。

別に日本一とか、県で1番とかでなくてもいい。そのエリア、○○町のラーメン屋でしょうゆラーメンなら1番だとか、年商は低いが高齢者向けリフォームでは○○市で1番とか、価格や品質は普通だけれど、仕上げの早さでは町内で1番のクリーニング店とか……。

意図的に1位を作るのと、いろいろやっていて偶然1位ができたというのでは、時間が違います。あれこれやって偶然1位ができたというのは科学的じゃない。ロスが多すぎるでしょ。だから、業績を良くするには、意図的に1位を目指す必要があるのです。

人生の時間には限りがありますから、意図的に1位を作ったほうが早く目的を達成します。

ポイント!

会社は粗利益で生きている。粗利益はお客からしか生まれない。よって経営の目的はお客作りである。経営を安定させるためには、お客を多くし市場占有率を高めることだ。それには「なにか」で1位になることを目指すのが早道だ。

経営は戦争だ!

あなたの地元の職業別電話帳を開いてみてください。

そこには、あなたのライバル会社が山ほど載っているはずです。前にも説明したように、どんな業界にも競争相手がいて、あなたと同じお客を取り合っています。つまり、経営とは戦争と同じことなのです。

まあ、競争相手と直接殴り合うようなことはないですが、経営はお客を通じての間接的な戦争なのです。

一部のコンサルタントなどは「21世紀は共生の時代」なんて言ってますが……。そりゃ業種が違えば共生もあるでしょうが、同業他社とは戦争です。

とにかく、やるからには勝たねばなりません。

経営と個人の生活は別です。個人の生活では家族や友人知人、地域への愛や慈悲は必要ですが、いざ、ライバルとのビジネスは問答無用の戦争なのです。

ポイント
ライバルとの競争は戦争だ。やるからには勝たねばならない。

勝つための「戦略」と「戦術」の違いを知ろう

どうすれば戦いに勝てるかを世界で最初に研究したのは、戦いが盛んだった古代ギリシャです。ギリシャでは「将軍の術と兵士の術を高めれば戦いに勝てるはずだ」という結論に達し、この二つの高め方を組織的に研究しました。

ギリシャでは「将軍の術」を「ストラテジア」と呼び、明治の初め頃、ヨーロッパに兵学の研究に行った日本の軍人は、将軍の術を「戦略」と翻訳しました。

そして、戦略は将軍の頭のなかでじっくりと構想が練られるもので、将軍の側近でもその内容がよくわからない。そこで、「戦略とは見えざるもの」という解説を加えたんですね。「略」は知恵を意味します。

つまり、戦略とは将軍の術で、その意味は「軍全体の効果的な勝ち方」、あるいは「軍全体の効果的な勝ち方のルール」、または「その知恵」ということになります。

これを経営に置き換えると、「経営戦略」とは「全社的な勝ち方」「全社的競争の勝ち方

戦略と戦術の違い

戦 略	戦 術
ストラテジア	タクティコース
将軍の術	兵士の術
軍全体の効果的な勝ち方	手に武器を持ち 手足を繰り返し動かすこと
全体的な勝ち方 ルール	繰り返し行なう 作業

のルール」または「その知恵」となります。

次は「兵士の術」ですが、ギリシャでは掃除を専門にする人を「タクティコース」と呼びます。つまり、手に掃除道具を持ち、次に手や体を繰り返し動かす。

これと同じく、兵士は手に武器を持ち、手や足を繰り返し動かします。この動作が掃除をする人とよく似ていることから、いつの間にか兵士のこともタクティコースと呼ぶようになったんです。

これを日本の軍人は「戦術」と翻訳し、兵士は手や足を動かす仕事が中心になるので「戦術とは見えるもの」と解説を加えました。

つまり、経営における戦術とは、道具を使ってモノを加工したり、販売係がカタログを持ってお客さんを訪ねたり、経理が伝票を書いたりする、繰り返し行なう作業を指します。ちなみに目的と目標と戦略の三つを加えた「広い意味での戦略」は86％で、戦術は14％になります。つまり6対1になるのです。

ポイント！

「戦略」とは全社的競争の勝ち方のルールである。
「戦術」とは繰り返し手や体を動かして働く仕事のことである。
経営者であるあなたしか「戦略」を立てる人はいない。

全社的な勝ち方のルール「ランチェスター法則」とは？

独立して自分1人や数人でやる場合はもちろん、従業員が30人以下の中小企業では、社長が自ら戦術＝営業活動をしたり、帳面をつけたりします。

同時に、どんなに小さな会社でも、経営に成功するには戦略＝全社的な勝ち方のルールを研究し、競争に勝たねばなりません。

この戦略の能力を高め、経営戦略の基本と言われるのが「競争の法則」として有名な

「ランチェスター法則」です。

名の知れた企業では創業期の「ソフトバンク」、旅行ベンチャーの「Ｈ．Ｉ．Ｓ．」、「アサヒビール」、「セブンイレブン」、コーヒーショップの「タリーズ」創業者などが、このランチェスター法則を導入したと公言しています。いずれも目覚ましい成果を上げているのは周知のとおりです。

ランチェスター法則の考案者はフレデリック・Ｗ・ランチェスターというイギリス人で、自動車会社の経営者です。ランチェスター氏は１９１４年の７月、第１次世界大戦の勃発《ぼっぱつ》に刺激を受け、その３カ月後の10月に二つの法則を発表しました。

この法則はその後、アメリカの数学者コープマンらによって研究が深められ、第２次世界大戦の対日戦略に大きな威力を発揮し、アメリカ軍の勝利に大きな貢献をしました。

ポイント

ランチェスター法則とは戦いの法則である。
第1法則は、攻撃力＝兵力数×武器性能
第2法則は、攻撃力＝兵力数^2×武器性能

第1法則は一騎打ち戦

戦国時代の主力兵器はヤリでしたが、ヤリで戦う場合は敵味方とも兵士がヤリを持って横に並び、合図と共に一斉に敵に向かって突っ込みます。武器性能が同じヤリの場合、こういう戦いでは敵味方とも同数の戦死者が出ます。

たとえば100人と60人が戦い、60人側が全滅するまで戦うと、100人の側も60人の戦死者が出ます。つまり、損害の出方は1対1で同じになります。次に、200人と60人が戦った場合も、やはり双方の損害は60人と60人で1対1です。

これは歴史上の戦いでも検証できます。明智光秀は天王山で豊臣秀吉と決戦をしましたが、秀吉軍3万5000人に対して光秀軍は1万6000人で秀吉の勝利。

しかし、戦死者の数は両軍共に3000人でした。つまり兵数は2対1でしたが、損害としては1対1です。飛行機の場合も、機関銃を使わない体あたりの空中戦では損害は1対1です。

ランチェスター 第1法則

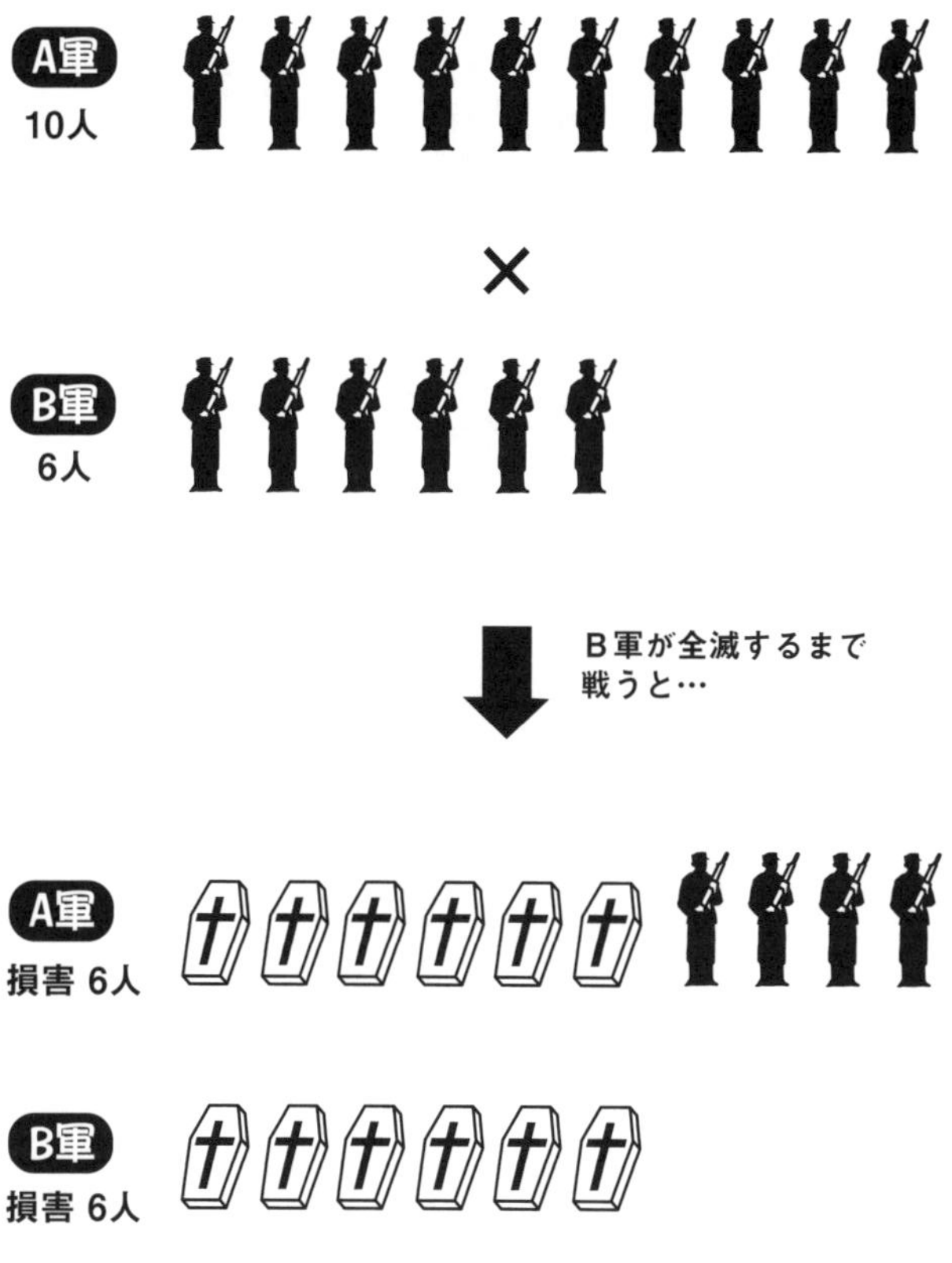

つまり射程距離が短い兵器を使うと、兵士の数に差はあっても損害は同じになる。

このように、ヤリや刀のような射程距離が短い兵器を使っての「接近戦や体あたり戦」では、初期兵力数の差に関係なく戦死者・損害は1対1になる。これが第1法則です。

ポイント！ **接近戦・体あたり戦では、兵力数に違いがあっても、戦死者・損害の割合は同じである。**

力の差が2乗となる第2法則

双方の武器性能が同じで、射程距離が長い兵器を使い、離れて戦うと双方の力関係は2乗比になります。これが第2法則です。

たとえばA軍が5人、B軍が2人いて、川を挟んでライフルで撃ち合ったとしましょう。A軍の5人は相手から攻撃を受けますが、1人が攻撃される確率は5分の1です。つまり、5分の1の確率を持った攻撃を2人から受けますから、A軍の計算上の損害は5分の2になります。

ランチェスター 第2法則

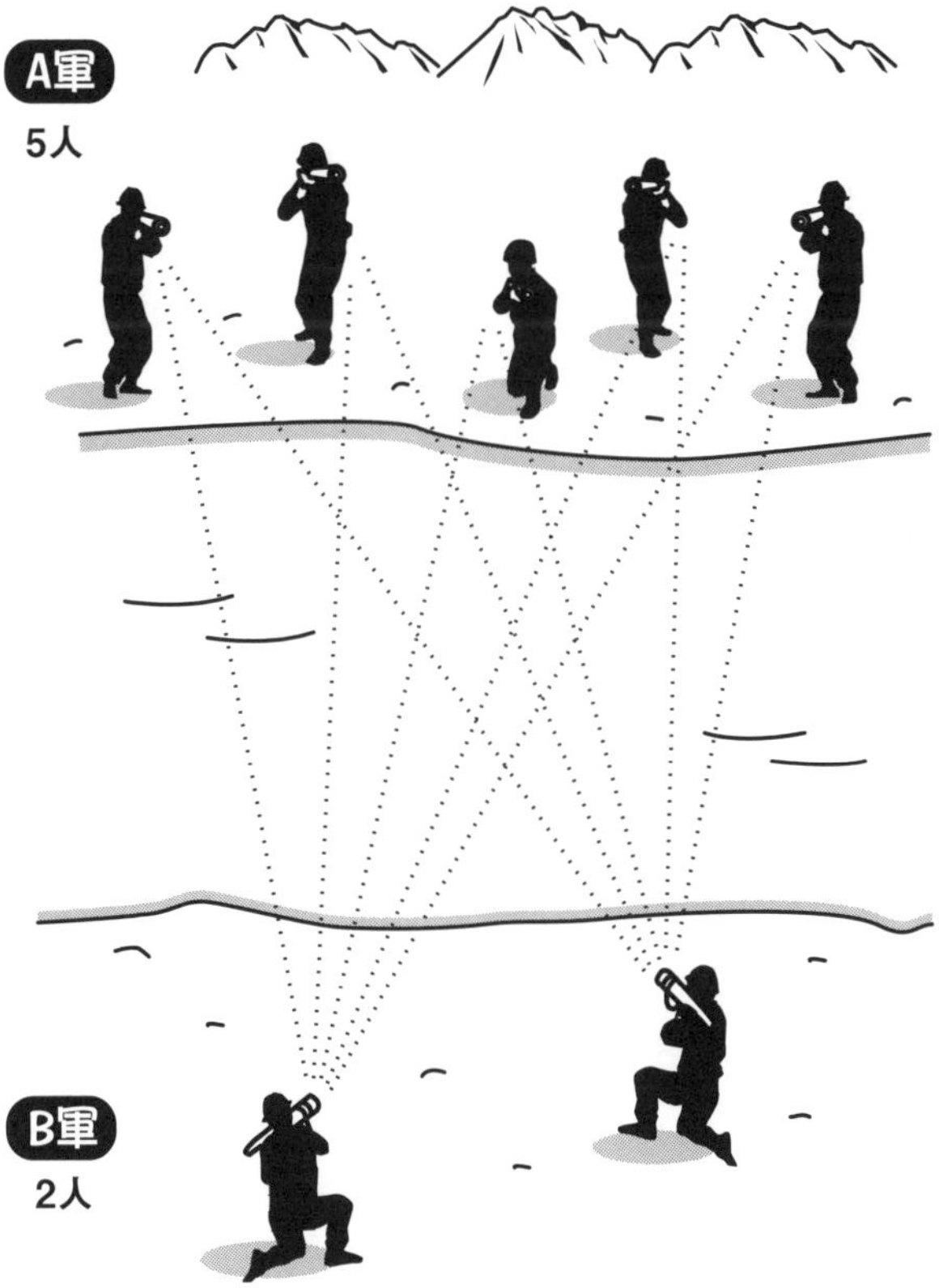

A軍とB軍の兵力比は5：2だが、実際の
損害率は2乗比なので、25：4になる。

一方、B軍の2人は、1人が攻撃される確率は2分の1です。これを5人から受けますから、B軍の計算上の損害は2分の5となります。両軍の計算上の損害を比較すると、A軍4対B軍25の損害となり、攻撃力はこの逆ですから、5対2で戦いをすると実際には25対4という大差の力関係になります。

こうして、射程距離が長い兵器を使って離れて戦うと、双方の力関係は2乗比になります。これが第2法則です。

第2法則の戦い方でA軍100人対B軍60人の戦いの損害を計算すると、A軍は何人残るか。A軍、B軍の戦力はそれぞれの2乗ですから、10000引く3600は6400。答えはこの平方根で80人。B軍60人が全滅したときに、A軍は80人残る。つまり、A軍の損害は20人に対し、B軍の損害は60人。損害は1対3です。さらに、200人対60人の戦いの場合、損害は1対6になります。

第1法則の戦い方と比べ、いかに損害が少なくなるかがわかります。同じ100人の兵力でも、損害は3分の1に減ります。さらに200人の場合は6分の1です。味方の優位が相手より大きくなればなるほど効果が強められることに注目してください。

実際、太平洋戦争の場合、アメリカ軍は空中戦でも地上戦でも、いつも3倍から4倍の兵力で攻撃しています。つまり、真の力関係では3倍のときは1対9、4倍では1対16になります。しかも、兵器から打ち出す弾数は、日本軍の何倍も多いものでした。その結果、空中戦でも地上戦でも、戦死者はアメリカ軍1に対して日本軍は10と大きな差になり、損害はランチェスターの第2法則どおりになっています。

ポイント
射程距離の長い兵器を使った戦いでは、戦力の強いほうが2乗作用で有利になる。

「強者の戦略」と「弱者の戦略」

以上の第1法則と第2法則から次の結論が導き出されます。

「兵力数が少ない劣勢軍」の場合、ランチェスターの第1法則を応用し、

①射程距離が短い一騎打ち戦的な兵器を選び
②戦うときは敵に近づいて一騎打ち戦をする

③そのためには接近戦や一騎打ち戦がしやすいよう、身を隠しやすい戦場を選ぶ

こうすると損害の出方が優勢軍と同数になり、第2法則で戦ったときと比べると、劣勢軍が相対的に有利になり、同時に効果的な戦いができることになります。

一方、「兵力数が多い優勢軍」の将軍はランチェスターの第2法則を応用し、

①射程距離が長い兵器を使用
②戦うときは相手と離れて戦う
③そのためには広くて見通しがいい戦場を選ぶ

こうすると優勢軍の損害が少なくなり、戦いを有利に進められます。

つまり、販売係の多い会社や売り場面積の広い会社は、ランチェスターの第2法則をもとに目標を定めると競争条件が優位になるのです。

これを経営に応用すると次のようになります。

劣勢企業＝弱者の社長がとるべき経営戦略

①一騎打ち戦がしやすい商品を選ぶ
②接近戦や一騎打ち戦がしやすい営業方法を決める
③そのためには接近戦や一騎打ち戦がしやすい特別な営業エリアを選ぶ

こうすると2乗作用が起きないので、競争条件が不利な会社でも経営効率を落とさずに経営ができ、相対的に有利になれるのです。

優勢企業＝強者の社長がとるべき経営戦略

①間隔戦や広域戦がしやすい商品を選ぶ
②間隔戦や広域戦がしやすい営業方法を決める
③そのためには利用者の数が多い大都市を重視する

こうすると確率の法則で2乗作用が起き、販売係や売り場面積が有利な会社がますます有利になります。

強者と弱者の違い

	戦闘 強者	戦闘 弱者		経営 強者	経営 弱者
兵器	射程距離の長いもの	射程距離の短いもの	商品	間隔戦、広域戦がしやすいもの	一騎打ち戦がしやすいもの。特殊用途、○○専用商品
戦法	敵と離れる	敵に近づき一騎打ち	営業	間隔戦、広域戦がしやすい方法	接近戦がしやすい方法。エンドユーザー直販
戦場	広くて見通しのいい場所	接近戦、一騎打ち戦がしやすく、身を隠しやすい場所	エリア	利用者の多い大都市	一騎打ち戦がしやすいエリア。地方や郡部

つまり、競争条件が不利な会社はランチェスターの第1法則をもとに目標を定め、次に第1法則をもとに運営をすれば失敗が少なくなります。

このように、効率の良い経営のやり方には、優勢企業が行なう「強者の戦略」と劣勢企業が行なう「弱者の戦略」の二つがあり、しかも、このやり方はまったく正反対になっています。

ポイント

「強者の戦略」と「弱者の戦略」は違う。あなたは「弱者の戦略」を採用しよう。

あなたは「強者」？ それとも「弱者」？

以上、経営のやり方には、競争条件が有利な会社が行なう「強者の戦略」と、不利な会社が行なうべき「弱者の戦略」の二つがありますが、強者は次の条件で決まります。

強者の条件とは、

①1位であること

②市場占有率26％以上を確保していること

③2位との間に10対6以上の差をつけていること

この三つが強者の戦略を実行できる最低条件ですが、この条件を満たしている会社は1000社中5社くらいしかなく、残りの995社は弱者になります。

たとえば、日産やマツダ、ライオンや東洋水産は大企業です。しかし、これらの会社は業界内では2番手以下であり、業界のなかでは弱者になるのです。

さらに、995社中の400社は競争条件が著しく不利な「番外弱者」になります。つまり、社長が1000人いたら、そのなかの400人は番外弱者の社長になるのです。しかも、独立して5年未満の会社は「番外中の番外」になり、独立したばかりの会社にいたっては最低の弱者になります。

とくに、以前、大企業にいて独立した人は、このあたりを勘違いしやすいですから、自分は最低の弱者だという認識を持って行動することが大事です。

ポイント！

１０００社中９９５社は弱者である。
独立して間もないあなたは間違いなく弱者である。
そのことを肝《きも》に銘《めい》じよう。

あなたのための経営戦略ポイント

「弱者の経営戦略」の概念をまとめると以下のようになります。

弱者は先発会社と差別化し、同じやり方をしない
弱者は小規模１位主義、部分１位主義を狙《ねら》え
弱者は強い競争相手がいる業界には決して参入しない
弱者は戦わずして勝ち、勝ちやすきに勝つことを狙う
弱者は対象を細分化する
弱者は目標を得意なもの一つに絞る

弱者は軽装備で資金の固定化を防ぐ

弱者は目標に対して持てる力のすべてを集中する

弱者は競争相手に知られないよう、静かに行動する

経営の中心要因を知ろう

経営の8大要素

1 商品対策
2 エリア対策
3 客層対策
4 営業対策
5 顧客対策
6 組織対策
7 資金対策
8 時間対策

経営にはいろいろな要因がありますが、これを大きく分けると上の表のようになります。

商売とは、簡単に言うと、なにを、どこの、だれに、どうやって売っていくかということです。

つまり、1番目は商品。まずお客さんのお金と交換するのは商品になりますから、商品対策が1番目の経営の要点になります。

2番目はどこのお客さんに売るのか＝エリア対策。

3番目は、そのエリアのどういう業界や客層に売るのか。個人の家庭か会社か、会社に売る場合は大企業を対象にするのか、中小企業を対象にするのか、といったことです。以上の三つがお客作りの目標になります。

4番目は、見込み客をどうやって見つけて実際に販売するか＝営業対策。

5番目は、一度取り引きいただいたお客さんに、どうやって継続して取り引きしていただくか＝顧客対策。

6番目は、以上のことをやるのに、どういう人員で役割分担はどうするか＝組織対策。

7番目は、会社を経営するのに欠かせないお金をどうやって調達し、どのように使うか＝資金対策。

8番目は、以上の仕事をどういう時間配分で何時間働くか＝時間対策、となります。

本書では、もっとも大事な1番目の商品対策から5番目の顧客対策までと、補足として8番目の時間対策を解説しています。

これから独立していこうと考えている人、独立して間もない人には、まず、これらの要点をしっかりと勉強していただく必要があるからです。6番目の組織対策、7番目の資金対策は、基礎がしっかりできてから習得しても遅くはないでしょう。

ウェイト付けが大切

以上の8大要因に重み付けすると、商品を「1」とした場合、エリア+客層+営業+顧客対策をひっくるめて営業としますと、これが「2」の割合になります。ですから、よく「商品3分に売り7分」と言われるように、営業関係が商品の「2倍」のウェイトを持つのです。

それから、組織や人に関するものは商品の半分。お金に関するものは、そのまた半分。実は、経営を成功させるかどうかというのは、資金関連が一番ウェイトが低いのです。お金がない人からすると、お金が一番大事なように思えるかもしれませんが、そうじゃないですね。

たとえば銀行も大企業も子会社をたくさん持ってますね。大企業はお金をたくさん持ってます。でも、大企業の子会社でも、親会社によっては6割か7割は赤字です。もし、お金がありさえすれば全部良い経営ができるのなら、大企業の子会社は全部黒字になるはずですね。でも、そうじゃない。

また、あなたのまわりの成功している創業経営者を調べてください。おそらく、そのほとんどは、最初の資金はカツカツですよ。

松下幸之助さんも本田宗一郎さんも、みな、お金はなかったですね。日本でも海外でも、世界的な起業家はほとんどが、無一文に近いところからスタートしています。

ポイント
ウェイト付けをランチェスター法則とオペレーションズリサーチの手法で計算すると、商品と営業関連を加えたお客関連は80%になり、組織と資金を加えた内部関連は20%になる。

商品関連	27%	お客関連	80%
営業関連（エリア・客層・営業・顧客）	53%		
組織関連	13%	内部関連	20%
資金関連	7%		

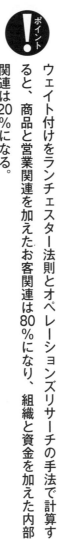

経営戦略7大原則

原則その① 会社経営の目的とは、粗利益を少しでも多く得ることだ

原則その② 経営はライバルとの戦争だ

原則その③ 戦略と戦術は全然違う。あなたの会社の戦略はあなたしか立てられない

原則その④ 戦いの法則「ランチェスター法則」を経営に置き換えることで有利に戦うことができる

原則その⑤ 1000社あったら995社は弱者である。あなたはまぎれもない弱者であることを自覚しよう

原則その⑥ なにをどこのだれにどうやって売るか、まずはこれをマスターしよう

原則その⑦ 経営内容には的確なウェイト付けと優先順位が必要だ

儲けのルール 2

成功する天職・ビジネスの選び方

弱者の商品戦略

あなたの「天職」はなんですか？

まずは「なにを」やるのか？
独立した場合、または事業転換を考える場合、扱う商品、工事、サービスの内容を決めないといけません。

商品・お客が変わると成功率も変わる

お客＼商品	違う	類似
同じ	成功率が2番目に高い！	成功率が1番**高い！**
違う	いきなりやると**大失敗！**	かなり難しい

つまり、あなたの天職はなにかということです。天職とまでは言えなくても、あなたがなにをして食っていくか。これを最初に決めなくてはいけません。

でも、これを決めるのは結構、難しいですね。（上図を参照）

いきなり「あなたの天職はなんですか？」ときかれても、まともに答えられる人は少ないでしょう。会社勤めをしている人も、すでに起業している人も、いまの仕事を最初から「これがおれの天職だ！」とわかってやっている人はあまりいないでしょう。

かりに、会社を辞めて独立して、新しい事業を始めるとしましょう。

その場合、前の仕事でなにを、何年やっていたのか。前の職業でどれが一番好きか、どんな商品、お客さんが好きか。そういったことを自分自身で考え、一番好きで、うまくいったもので独立すると、当然ですが成功率は高まります。

以前扱ったことのある商品と類似している商品でお客も一緒なら、説明もラクで上手にできる。その商品、お客さんのことが好きだったら、なおいいですね。

「商品もお客も同じ。なおかつ、それが好き」というのが一番成功率が高くなります。

商品は異なるけど、お客は同じ。これが2番目に成功率が高い。

一番難しいのは、商品もお客も異なる脱サラや新規事業。これはいきなりやると大失敗します。

ポイント

商品選びと難易度は図のようになる。自分が過去になにをして成功したかをまず考えよう。

セットで決めよう「中心」と「幅」

「なに」でナンバーワンになるかを決めるとき、注意しなくてはいけないことがあります。それは、中心となるものとその範囲、この二つをワンセットで決めなくてはいけないということです。

中心と幅と言ってもいいですね。

これを決めておかないと、つい思いつきで広げて、痛い目にあうことになります。「目標」がきちんと設定されていなければ、「この商品がいい」「この市場がいい」との声や情報に心が揺らいで、結果的に失敗してしまう可能性が高まってしまうのです。

わたしは経営戦略CDを作ってますが、内容は100人以下の会社の経営戦略と決めています。お客さんは中小企業の社長です。

大企業の新入社員教育とか、以前は研修講師にも行ってましたが、いまは絶対に行きません。いろいろやったけど、もう中小企業以外はやりません。

ポイント！ 「目標」を決めるときは、「中心」と「幅」も合わせて決めよう。

評論家の言うことを信じてはいけない

「商品の市場規模が大きければ儲かる」

一般的にこう考える人は多いですね。多くの経営コンサルタントやマスコミも、こういったことを言います。

市場規模が大きければ大きいほど、お客の数も多い。確かにそうかもしれませんが、お客の数に比例して競争相手の数も多いことを忘れていませんか？

もしも、あなたの会社が抜群の競争力を持つ強者ならば、「商品の市場規模が大きければ儲かる」というセオリーは通用するかもしれません。

でも、あなたの会社は抜群の競争力を持つ強者ですか？

「この市場は5年後には８０００億円に！」

毎年、正月や4月になると、商品評論家というのが出てきて、こんなことを言いますね。フランチャイズの説明会でも必ず言われることです。

そして、その話を鵜呑みにして話題の市場に参戦し、つぶれてしまう小さな会社があとをたちません。競争力、あるいは力のない小さな会社が、これから伸びる市場に手を出してはいけないんです。

これから伸びる、とみんなが思っていて、実際伸びていく市場には、あとから必ず強い競争相手が入ってきます。学歴も人柄も人格も良くて、お金も持っているような人が出てくるんです。こういう人には勝てません。すぐにシェアをとられてしまいます。

経営は、大きな市場あるいは、これから伸びる市場でビリになるのが一番よくありません。２５００年前、中国の孫子《そんし》が賢い将軍はまず「戦わずして勝つ」ことを考え、次に「勝ちやすきに勝つ」ことを考えると言っているように、経営規模が小さい会社が成功するためには、強い競争相手のいない、市場規模の小さいところでやるべきなんです。

ポイント
あなたは「これから伸びる商品」に手を出してはいけない。

商品戦略成功例① 移動型飲食業の場合

同業はこわい人たちで、宝の山をあてた「たこ焼き」

大企業はおろか中小企業や普通の人もやらないビジネスでスタートし、いまや年商30億円で経常利益４億円の会社があります。日本で初めて冷凍たこ焼きを開発した福岡の「八ちゃん堂」です。

この川邊社長はもとは車販売会社の営業課長。彼の父親が社長であり筆頭大株主だったので、そのままいくと２代目社長のイスが約束されていました。

ところが、車社会はメーカーの支配下にあって自由がない。オヤジの跡を継ぐのもどうもおもしろくない。なにかを自分でやりたいという脱サラの夢があったんです。

最初は会社の遊休地を利用した新規事業を考えましたが、ことごとくオヤジは反対。ついには意見が対立して「事業というものは１人でやるものだ。そんなにやりたいなら出て行け！」と勘当されました。

そのとき、川邊さんは36歳でしたが、貯金はわずか17万円。それでやれるものはと考えたあげく、頭に浮かんだのが「たこ焼きの移動販売」でした。

なぜか。

以前、川邊さんが車の営業マンをやっていたとき、「たこ焼きの移動販売をするのでバンを売ってほしい。でも、お金がないので支払いは分割にしてください」というお客さんが来たんです。ビジネスに興味があった川邊さんは、回収がてら、その人の商売を観察することにしました。

すると、わずか2カ月で月商が100万円を超えました。その後も2台目、3台目と買い足し、月商は1年もたたずに500万円を突破。

たこ焼きは原価が安いからボロ儲けです。ただ、この人は調子に乗りすぎたことが原因で、1年後には生活が乱れて廃業したそうです。

貯金はわずか17万円。親友から借りたお金が200万円。お金もなく脱サラせざるをえなくなった川邊さんは、このときのたこ焼きを思い出し、中古17万円のバンを買って「たこ焼き移動販売」に乗り出しました。周囲や親からは「大学まで出た跡とり息子がたこ焼き屋なんて」と大反対されたが、いけるという自信はあったそうです。

同業他社は汚い車で接客もなにもない。あいさつもしないし、たこ焼きも新聞紙に包んで出している。だから、川邊さんはきれいな制服制帽をきちんと身につけ、接客もあいさつもしっかりやりました。

それと、第1号店のときから、車には〝全国フランチャイズ本部・八ちゃん堂〟と入れていたのです。

最初はマイクで「たこ焼きだよー」と叫ぶのも恥ずかしかったそうですが、開業3カ月目にはブレイク。すぐに嫁さんにも車を出させ、1年後には5台態勢に。初年度の納税額は約８００万円にもなったそうです。

これはほんとうにいける、と確信したのは同業他社に脅されたとき。その筋の人から「場所代を払え、さもなくば廃業しろ」と執ように責められました。おれたちの商売を荒らすなと。

そのときに、この商売は儲かるが、これでは大企業やエリートは絶対に出てこれないと思ったそうです。ひょんなことでこの業界に入ったものの、もしかしたら業界では最高学歴かもしれない。しかも、車業界でマーケティングや販売術を身につけている。これは大変な宝の山を掘りあてたと確信しました。

その後は、移動販売から郊外の1坪ショップへと業態を変え、一時は１５０店ものFCチェーン組織を構築。現在は「たこ焼きと焼きナスの冷凍食品メーカー」で業界トップクラスとなりました。

目指せ！　小さなナンバーワン

「鶏口《けいこう》となるも牛後《ぎゅうご》となるなかれ」

大きな牛のシリになるくらいならば、小さな鶏のくちばしになりましょう。

つまり、大きな市場でビリになるよりも、小さな市場で1位になりましょうということです。

これは2500年前の中国の古典「戦国策」にある言葉です。2500年前から価値観が変わってないのです。

「なにかでナンバーワンになることを目指す」

これが、小さい会社の経営が安定し、成功する最短の道です。

別に日本一とか業界一とか、県でナンバーワンでなくてもいい。あなたの街の特定の客層や年代で、もしくは、あなたの友人知人のなかでも、小さな年商でいいからナンバーワンになれるものを探すことです。

試行錯誤をしていくうちに偶然、強いモノが出てくるということもあります。自然発生的に。でも、こういうのは宝くじにあたったようなもので、長続きは難しいものです。経営として成功するには意図的にやらなくてはいけません。意図的になにで勝負するかを決めて、それに力を入れましょう。

なにで勝負するかを決める。どこでナンバーワンになるかを決める。これが「目標」になるのです。

目標が決まると、いままで気がつかなかった情報が入ってくるようになります。紙を筒状に丸めて耳に付けると音がしますね。このなかに音のノイズが入り、この筒に入った音に共鳴現象が起こり、強調されて強い音になりますね。

これと同じように、なにで勝負するか、どこでナンバーワンになるかをはっきり決めると、決めたことに対する情報が共鳴現象を起こして、たくさん入ってくるんです。街を歩いていても気がつくようになるくらいに。

全然違った商品からもヒントが浮かぶ。モノは違うけど、これは応用できるなと。

経営は競争です。ボランティアじゃない。小さな自分でも勝てるモノはなにか？　成りゆきではなく、まずはこの自分の商品＝天職を「意識して決める」ことが大事です。

ポイント

あなたは「なに」を「どこ」で売って「ナンバーワンになるか」を「意識」して決めましょう。

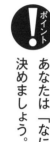

商品戦略成功例② コンサルタントの場合

大手コンサルがバカにする小さな仕事

「日報コンサルとしてクライアントの経営者に日報を書いてもらい、FAXやメール添付で感想助言やアドバイスを返信？　それを毎日やって月3万円!?　それはすごい。成功しますね。クライアントもコンサルも」

2011年にきいた瞬間、これはコンサル業界のニッチビジネスだと感動しました。発案実行者は山口県の「日報ステーション」の中司さん。なぜわたし（栢野）がピンときたかと言うと、わたしがサラリーマンで経験した5社のうち、業績の良かった2社が日報を実施していたからです。

職種は営業マンでしたが、外回り中は1人ですから、サボろうと思えばいくらでもサボれるんですね。ところが日報制度があるとサボれない。もちろん、ウソやごまかしもできますが、やはり気分悪いですね。やるからにはウソ書きたくない、という日報チェックが良いプレッシャーになり、いい結果も出せました。

つまり、わたしのような自堕落な人間は、だれかのチェックや叱咤《しった》激励《げきれい》があったほうがいい。独立起業した場合も同じ。いや、むしろ社長になるとだれからも強制されませんから、相当な自己管理力がないと堕落する。

わたしも何度も経験しました。たぶん、９割の人や自営業は大なり小なり自分に甘い。だから、この中小零細自営業向けの日報コンサルタントは素晴らしいと思いました。

やれば必ず変わる、成長する。さらに、コンサルの業務としてもニッチでいい。毎日の日報添削という名のコンサルで月３万円から５万円は格安。こんな手間ヒマかかる業務を、大手コンサル会社や実力派がやるワケない。でも、やれば確実に成長する。双方とも。慣れれば書くほうも７分、添削返信も５分ですむ。

わずか１日数分ですが、まさにチリも積もれば山のような成果が出ています。ＩＴを使った営業日報システムがありますが、その大半は大企業や中堅企業の営業マン管理用。この日報コンサルは中小零細経営者や自営業が中心で、あえて手書きアナログの面倒臭いマンツーマン添削です。

個人の整体師や小さなアパレルショップ、サングラス販売では特定ブランドで日本一など、成功するクライアントが続出。日報コンサルも山口本社に４名、他県には名古屋、東京、福岡、沖縄、札幌と提携コンサルが増えています。詳しくは「日報コンサル」「日報ステーション」で検索ください。多くの事例が並んでいます。

大企業がバカにする業種・商品を狙え！

「なに」を「どこ」で売って「ナンバーワン」になるかを「意識」して、「中心」と「幅」も決める。

以上が商品戦略を考えるうえでの「目標」になります。

では次に、「目標」を決めるさいに、ヒントとなる業種、商品を紹介していきましょう。

まずは「大企業がバカにする業種・商品」。

有名大学を卒業し、大企業に入社すれば、喜ぶ親御さんは多いでしょう。ですが、大企業のヒラ社員と中小企業の社長とではどちらがいいですか？

独立して起業したあなたなら、答えは明確でしょう。

商品戦略も同じです。大企業がバカにして参入していない業種、商品がチャンスなのです。いくら経営効率が悪い大企業でも、資本力は起業したての小さな会社がかなうものではありません。競争相手にしないほうが賢明です。

大企業が扱えない、扱いにくい商品というものは、実は結構多くあるのです。たとえば、いまは健康食品やダイエットブームですが、怪しい商品や悪徳商法も多いですから、大企業は本気になってはやれません。同じように怪しいと思われてはのれんに傷が付きますから。

ほかにも、「大企業がやらない業種・商品」という切り口で探してみると、見つかるものです。本書に掲載した成功事例はどれも大企業が扱えないものを商品としている会社ばかりです。きっと、あなたの参考になるはずです。

ポイント　大企業経営者でないあなたは、大企業がやれないことを探してやろう。

商品戦略成功例③ 小さな旅行業の場合

「障害者向け旅行」でオンリーワンのサービス

社員3名で年商も1億円以下という弱小旅行会社ながら、日経TV『ガイアの夜明け』にリッツカールトンと共に取り上げられたベルテンポ・トラベル代表取締役・添乗員の高萩さん。

父親は事業失敗で夜逃げ。借金と母子家庭の生活保護でヤンキー時代の大分商業高校卒。小田急電鉄で車掌や自殺事故処理300人!!「日本旅行」に転職し、大手旅行会社が障害者を断っている現実を見た35歳の1999年、日本初の障害者専門旅行代理店で独立しました。

現在は障害者と高齢者と健常者が1/3ずつ。年会費3000円台の会員制旅行会社です。会員外もツアーに参加可能ですが、売り上げの9割は会員300人のリピート。ツアーに参加した顧客の顔と名前と家族や趣味もほぼ覚え、年間120日の旅の空から既存客へ手書きハガキを送る高萩さん。ステキですね。

1999年、ボランティアで参加した障害者との旅先で、夜中に脳性麻痺《まひ》のお客から「喉《のど》が渇《かわ》いた。ビール買って来てくれ！」「こんな時間にふざけんな！ 障害者だからと調子に乗りやがって！」「そうだな。ゴメン。こっちも無料のボランティアには気を使う。お金を払って堂々と旅に行きたいよ」といった数々の事件で、ボランティアではない障害者専門旅行会社を起業。

すぐに読売新聞に小さな記事が載り、「脳梗塞《のうこうそく》で寝たきり10年間。こんな私でも旅に行けるなら、いつでも、どこでも、いくらでもいい！」と大反響の電話で出だしは順調。が、当初数年は価格設定や試行錯誤の連続で債務超過の倒産寸前でした。

２００６年頃から障害者以外の高齢者や周囲の健常者も会員に。たとえば都内の80歳女性Ａさんはマンション大家の資産家だが独り暮らし。「朝起きて連ドラ見て、お昼を食べて買い物に行き、夜も独りで今日もだれとも話していない。友達は死んで年々減る。年と共にできないこと、あきらめることが増えていく」と言います。

ベルテンポは高齢者や障害者中心に、健常者も理解ある親切な会員ばかり。１人での参加も多く、会員間の交流も活発。初めて参加したＡさんもみなが最初から受け入れ、それまで独りだったＡさんは旅の最中ずっとしゃべりまくったそうです。

こんな50代後半から90代がベルテンポの客層。

「旅が終わるまでに、次のツアー参加を受注いただく。それがわたしの仕事で義務であり使命です。

Aさんが半年後のツアーに申し込む。するとだれとも話さない単調な日々にスイッチが入るんです。半年後の旅を楽しむという目標に向け、カーブスで運動して体を鍛え、さまざまな本も読む。テレビの旅番組も他人事《ひとごと》でなく楽しい。数少なくなったご近所との話にも花が咲くようになります。

旅の最初に参加者の自己紹介で一気に仲良くなり、住所交換で友達が増えます。先日参加したご高齢者の娘さんから『母が帰って来て4時間も旅の話をするんです。本当にありがとうございました』と電話もいただきました。

観光の単なる旅ではなく、参加者の夢と自己実現、旅の仲間と友達づくりをサポートするのがベルテンポの使命です。脳性麻痺《まひ》で倒れて寝たきりの元企業戦士を、夢だった宮古島まで飛行機で添乗し、ホテルに電動ベッドを入れるのを何回も断られながらも説得したオーダーメイド旅は、家族3人同伴4日間で80万円でした。

ウチは他社で断られた方の駆け込み寺。『夢は京都で芸者遊び』の91歳で車椅子サラリーマン男性から相談があり、観光タクシー貸切りでわたしがマンツーマンで同行。お店に交渉して2時間10万円貸切りで芸妓遊びに大喜びでした。

ハワイでフラガール見学が夢だった別の車椅子男性は感動と興奮で、気づけば車椅子から立っていました。そんなことは日常茶飯事です。旅のパワーはものすごいんです。京都の芸者単独ツアーは70万円でしたが、若い芸妓さんのリハビリ効果はプライスレス。安いもんです！」

ベルテンポの国内ツアー平均は15万円。高齢や障害ほかで旅や人生をあきらめている人の夢を叶える自己実現ビジネス。ほかの業界でも十分応用できますね。以上の経験を本やセミナーやコンサルでも年間50回ほど。後継社員とか外部弟子候補も募集中。

同業が弱い業種は勝ちやすい

次なるチャンスは「同業が弱い業種」。

同業者がたくさんいるにはいるけれど、どこも弱い会社ばかり。

同業が何社もいるが、１位といえども市場占有率６％以下の会社ばかり。

こういった業界や商品も探せばあるものです。この場合、営業のやり方や経営のやり方に思い切った革新を加えると、後発の会社でも逆転のチャンスがあります。

ファミリーレストランの「ロイヤル」や「すかいらーく」が大きくなったのも、街の食堂が小さかったから。飲食店はたくさんあって同業者はたくさんいるけれど、どこもこれといって強くはない。だから、組織化してうまくいったんです。

コンビニエンスストアも同じです。街の食品雑貨店がどこも弱かったからですね。

同業者が弱い業種・商品から選ぶ。要は「勝ちやすきに勝つ」。これが一つの鉄則です。

ポイント あなたは、「勝ちやすき」に勝てばいい。

商品戦略成功例④ 石けんメーカーの場合

17年間の赤字の末に日本一の無添加石けんメーカーに

昔は洗濯やシャンプーも石けんでしたが、いまでは合成洗剤があたりまえですね。合成洗剤のほうが大量に簡単に作れ、大企業にとっては合理的です。

「シャボン玉石けん」も、もともとは合成洗剤の卸売業でした。でも、家業を引き継いだ2代目社長自身の湿しんがきっかけで、合成洗剤は体に悪いと実感。あえて当時の時代に逆行して無添加の石けんに転向しました。

石けんの市場は合成洗剤の20分の1に縮小していたのですがね。

そして、17年の間、赤字に苦しみましたが、公害や環境意識の高まりと共にこの20年は増収増益。いまや年商60億円で経常利益も10％以上です。

でも、合成洗剤ほぼ１００％のライオンや花王などの大手メーカーは、いまさら無添加に切り替えるワケにもいきません。製造に何倍も手間暇がかかり、いまも無添加石けんの市場は小さいですからね。

結果として「シャボン玉石けん」はこの分野で日本一になってます。

※このシャボン玉石けんより、もっとニッチな石けんをわたし（栢野）の友人が売っています。なんと石けんを売るのではなく、「石けんを手作りする材料とキット」をネット通販しているのです。

「てころ」で検索してみてください。

「手作りローテク商品」の見直しと「シンデレラ商品」

手がかかりすぎるために大手が扱えない「ローテク商品」は、小さい会社や起業して間もない人には見直す価値があります。

たとえば、飲食業はオーナーによって料理も味も店の雰囲気も千差万別です。手作りのローテク料理には、大量生産の大手外食チェーン店もかないません。大手もいるけれど、小さい店でも存在できるのです。

美容院、デザイナー、コピーライター、コンサルタント業など、みな職人業ですから大量生産もできないし、手作りのローテク商品として価値を作りやすいですね。

また、商品が衰退したり、忘れられた商品でも素材を変えたり、作り方を変えたり、売り方を変えたりすることで新しい命を吹き返すことがあります。

アメリカの経営学者ピーター・ドラッカーの命名による「シンデレラ商品」がそうですね。「シンデレラ商品」とは、市場規模が小さくて、一定の需要があるにもかかわらず、業界のなかでは見下げられて嫌われている。改良を加えたり、商品の種類を増やせばお客から喜ばれて売り上げ増につながるのに、だれも手をつけない商品のことを言います。

「シンデレラ商品」は手をかけたり力を入れると、思いもよらぬ売れ行きを示すことがあります。

ポイント

手がかかりすぎる「手作りローテク商品」。
みんなから嫌われて放置されている「シンデレラ商品」は狙い目！

商品戦略成功例⑤ 洋服リフォームサービスの場合

アパレル業界の都落ちで復活

福岡にある「リフォーム三光サービス」は、もともとは紳士服テーラーでしたが、事業拡大に失敗して倒産しました。宮崎社長は7年間のサラリーマン生活を経て、再度「お直し屋さん」として起業します。

服のすそ上げやサイズ合わせや継ぎはぎ、つまり服のリフォーム業は一定の需要はあるのですが、単価も1件あたり数百円から、よくて数千円という小さな市場。派手なアパレル業界のなかでは「都落ち」と言われる仕事で、大企業はまったく手を出さない分野です。

アパレル業界の「シンデレラ商品」だったわけですね。

業界内では見下げられた分野ですが、服を買ったら、とくにズボンのすそ上げなどは必ず発生する仕事です。宮崎社長が近所の洋服店や紳士服チェーンなどへ飛び込み営業すると、おもしろいように仕事がもらえ、いまでは九州でグループ120店舗を展開。年商約8億円（グループ）で利益もしっかり上げています。

用途を限定した○○専用商品で絞っていこう

「うちはなんでもやります」

このスタンスが一番よくありません。

小さな会社でなんでもやりますは、お客からすると、なにを得意とする会社なのかがわかりません。だから、お客を見つけるのも難しい。対象が不特定では、だれに売ったらいいかわかりません。

でも、「うちは○○専用」とすると売り先が見つかるのです。ありますよね、「小さい靴専門店」とか「大きい靴専門店」とか。それらは、しっかりと固定客を確保していますね。

商品戦略成功例⑥ 床屋さんの場合

「短髪専門」で四国一に

四国に「短髪専門」の松原理容所があります。2年前、わたし（栢野）の高松セミナーに参加いただいたんですが、さらに好調なようです。

小さな会社が生き残るには、なにかに専門特化するしかない。何でも売ります、どこにでも行きます、すべての人が対象ですというのは、大きな会社やお店がやること。アメリカのMBA経営学でもSTP（セグメント・ターゲッティング・ポジショニング）は基本。市場を細分化し、強いライバルがいない（少ない）商品・地域・客層に絞る。理屈はそうですが、やってみないとわかりませんね。

松原理容所も短髪に絞った当初2年は売り上げが下がりましたが、3年目からは毎年の増客。小さくても、オンリーワンやなにかで1番は記憶に残り、自然に口コミや紹介が増えるんですね。

マスコミの取材対象にもなりやすい。正直、専門特化にチャレンジしても成功より失敗が多いでしょう。それはチャレンジャーの宿命。さらに、成功したらマネするライバルも増える。その切磋琢磨《せっさたくま》でお互い成長するんですね。以下は松原さんからの近況報告（2016年5月）。

「おかげさまでその後もかなり順調に売り上げは伸びています。ここ1、2年でバーバーブームというのがジワジワきていて、しばらくはさらにもっと上昇しそうです。

僕は19歳頃からビジネス書を読むようになり、松浪健四郎の『もっと「ワル」になれ』という本が最初のバイブルになりました。この本にはマイナーで1番になれという、ランチェスターと同様の内容が書かれていました。

その影響で、理容修業時代に、当時やり込んでいる人が少ない短髪の競技に集中しました。技術研鑽《けんさん》と共に、目標達成のためのビジネス書を大量に読むようになり、ファンになった船井幸雄→神田昌典→竹田陽一という流れで『小さな会社★儲けのルール』を読みました。この本を読み、やるべきことがさらに明確になりました。

４年間、一つのことをやり続けて最終的には四国一になれました。『もっと「ワル」になれ』と『小さな会社★儲けのルール』の影響で、いまの順調な自分があると思っています」

ポイント
客層をむやみに広げすぎると失敗する。
○○専用に限定すると、競合が少なくなってお客が見える。

細分化で新発見！

大きな岩石を割るとき、プロの石工は石の筋目を見つけてクサビを打ち込みます。こうすると、頑丈な岩石も意外に簡単に割れます。

これは商品戦略でも同じです。外見上、とても小さな会社のつけ入るスキはないと思われる商品でも、どこかに必ず筋目があるものです。

筋目を見つけるには、商品を「価格別」「サイズ別」「用途別」「客層別」など、いろんな角度から小さく分けてみればいいのです。

そして、小さく分けた部分を一つひとつ検討していくと、まだだれも気づいていない商品や、競争相手が力を入れていないものを発見することがあります。

他人が気づいていない商品を見つけ出すには、妥協を許さない厳しさやねばり強さが必要です。そこで現実的には、単に人がいいとか明るいという人よりも、少々変わった性格や執念深い人のほうが成功例が高くなっています。つまり、「奇人」「変人」というタイプの人には、この方法が有効かもしれません。

ポイント **商品を「価格」「サイズ」「用途」「客層」などで細分化してみると、新しい商品のヒントが発見できる。**

商品戦略成功例⑦ 男性専門の診療所

日本初「男の夜間診療所」

ある日、友人で元アル中（今は克服）の弁護士・宮内裕さんからフェイスブックの個別メッセージがきました。「栢野さん。中洲（福岡の歓楽街）に男の夜間診療所という病院があるそうです。絶対、繁盛してるはず」と。

すぐに検索すると怪しいが真面目な「男の夜間診療所」が。「これはスゴイ。大手エリートがしない、小さな会社の差別化ニッチ事例として最高だ！」と、きいたその夜に飛び込み訪問。年中無休・予約不要とあったので。ちょうどその日はスケベな愛人とデートだったので、ノリで一緒に連れて行きました。

徳本院長30歳とは初対面でしたが、なんと「栢野さんの本を大いに参考にしました。大手がしない弱者の戦略。医療の世界ではこれだと」「ウッソー！　そんなお世辞を」と言ったんですが、ホントに本は読んでいたので驚きました。

診療内容は、スケベなあなたの予想どおり。人類存続と男女の性的快感オーガズムに必須《ひっす》な「ＥＤ」勃起《ぼっき》不全バイアグラの処方や性病関係、市販の気休め医薬部外品毛髪剤と違って確実に効く「毛髪」の医薬品。

わたしの友人２人も一発で成功した「禁煙外来」、あの清原で有名になった「ニンニク注射」、効能ないダイエット食品やライザップよりはるかに安い「ダイエットの医薬品」。ほかには普通の熱や風邪などの内科・心療内科のカウンセリングも。

３６５日年中無休で、17～24時「予約不要」。健康保険も使え、相談だけなら無料で、薬代も数百円程度。

わたしは美容外科や健康食品系の方との付き合いが長く、調査や取材記事もたくさん書いてきたので、この手の裏事情に少し詳しいんです。

やっぱり医師免許による医療と医薬品の効果は、効果効能が怪しい美容エステや健食に比べると圧倒的に高い。ここの医師とのカウンセリングだけでも症状が良くなることが多いそうですが、心の病の場合、ここの医師・看護師・薬剤師と、ちまたにあふれるナンチャッてカウンセラーとでは雲泥《うんでい》の差。野次馬見学を含め、ぜひ行ってみてください。話のネタとしても最高です。

まさに医療業界でエリート医師は絶対にしないニッチな診療科目で需要もある。理論上は間違ってない。が、うまくいくかはやってみないとわからない。

この「男の夜間診療所」のオープンは2016年の5月。この本を執筆している6月時点では地場のマスコミ取材も殺到し、わたしのような興味本位の野次馬も含めて見学や来院も多いようですが、1年後や3年後も生き残っているかはわかりません。

「わたしら評論家や著者は理論理屈を言うだけ。でも実際はやってみないとわからない。あなた方がやっていることは弱者の戦略として正しい。わたしらの実験台としてがんばってください（笑）」という無責任なエールに、「わかりました！　事例として紹介されるよう、必ず成功します！」と徳本院長。現在は？ 詳しくは「男の夜間診療所」で検索してみてください。

売る側と買う側のズレがチャンスを生む

どんな商品でも、最初はあるお客のニーズを満たすために作られています。

しかし、年月の経過によってお客の欲求が変化していくので、商品を売る側と買う側に、商品に対する価値観のズレが生じるようになります。

「売る側から見た良い商品と、買う側からみた良い商品はほとんど一致しない」

こう言ったのはドラッカー先生です。

「アート引越センター」はもともと運送会社の大きな下請け配送をやっていましたが、ある日、親会社から切られたんですね。それでリストラでトラックを売り払い、最後に屋根付きのアルミバン型の大きな車が1台残った。

あるとき、同社社長が夫婦でドライブしていると前を「日通」の引っ越しトラックが走っていた。ところが雨が降り出し、そのトラックはあわててビニールのシートを荷物にかけた。それが汚かったんですね。でも、当時は引っ越しのトラックは屋根なしがあたりまえだったんです。

それを見て、「そうだ、このトラックなら雨にぬれないし、喜ばれるぞ」と、物流運送から引っ越し屋に転業。さっそく、その屋根付きトラックの写真を電話帳に載せたところ、仕事がたくさん舞い込んできた。やっぱり狙いはあたったと。

ところがお客さんの主婦にきくと、「あれは近所に荷物が見えないからいいのよ。恥ずかしいからね」と。家のなかには他人に見られたらイヤなものがたくさんあるでしょう。古いものでも捨てられないとか。隠れた趣味のものとか。

雨にぬれないから良いと思っていたことが、お客さんにしてみれば荷物が見えないから良いんだと。それ以来、社長はこれはお客さんにきくしかないと、いろんなニーズや隠れたウォンツを探すようにしたそうです。

売る側と買う側のズレを探すためには、あなたがなにか商品やサービスを買ったときに、その商品のアラを探すようにしてはいかがでしょう？　また、お客さんから苦情を言われたら、それは改良のチャンスです。

ポイント

売る側と買う側のズレはチャンスを生む。チャンスを生かすためには、消費者の視点を大事にしよう。

古い業界のやり方を変える

商品によって、訪問してお客さんを見つけるか、店を構えてお客さんに来てもらうか、営業の形態が違います。資金・儲け・営業形態が、どの商品を選ぶかで決まると言ってもいいでしょう。

そのなかで、業界の常識と言われるやり方を変えることで成功することもあります。革新ですね。いままでの常識にとらわれないようにやっていくことが必要です。

業界で信じられている常識や制約事項をどうやって破るか。こう考えて実行した人は新しい事業の成功者になります。業界ではだれも疑わなかった常識を覆すこと。理髪店の業界で、10分間１０００円を事業化した「ＱＢハウス」はその典型です。

創業者の小西さんは医療機器営業マンでしたが、「顔ソリや洗髪、マッサージはいらない。忙しいわたしはカットだけでいい。そう思っている人はたくさんいるはず」と、55歳で起業。同業組合から大バッシングされましたが、顧客からすぐに絶大な支持を受け、わずか9年で300店舗を突破。創業10年後の65歳で、会社をオリックスへ30億円で売却しました。現在は国内外700店舗になっています。

古い業界に学校を卒業して20年も30年もいると、「我々の業界は特殊だ」と言い始めるんですね。でも、「違うやり方はあるはずだ」と思える人は殻《から》を破って出る。これはその人の性格にもよります。

社内で意見が違う人は追い出されることがありますね。でも、そういう人を追い出した会社はダメになっていきます。

変わった考えをする人を追い出すと、社内ではいつも同じ考えしかできなくなってしまいます。会議を100回開いたって、みんな「ウチは特殊ですもんね」と言う。特殊だろうがなんだろうが、資金繰りが悪くなったらつぶれるんです。

業界の古い慣習をどう破るか。ここにチャンスがありますね。

ポイント
いままであたりまえだと思われていた常識を破る。
それだけでも新しいチャンスが広がる。

やってはいけない二つのこと

経営力のない小さな会社がやってはいけないこと、これはいろいろありますが、ここではとくにやってはいけない二つのことを説明しましょう。

まずは、商品の数を増やしてはいけません。

商品の数が多いと、売るチャンスが増えて、売り上げも利益も上がるような気がしますね。でも、結局は力が分散してどの商品も弱くなり、負け組商品ばかりになる。売れない商品をたくさん抱えても経営を圧迫するだけで意味がありません。

なんでも扱うのは強者の戦略。弱者は扱う商品を少なくし、業種の幅も狭くしなくてはいけません。あれもこれもとやらない。一つに絞りましょう。これが大事です。

次は、非関連多角化は命取りになるので、絶対にしてはいけません。

商品の数と同じく、事業の数を増やしておけば会社の経営が安定すると考えがちです。この事業がダメなときは別の事業で稼ぎ、それもダメならさらに別な事業でという考え方でしょう。しかも、手広く事業展開している会社は積極的で熱心にも見えます。

しかし、わたしが企業調査会社勤務時に倒産した会社1600件を調査した経験で言うと、本業とまったく関係のない事業に手を広げすぎている会社の業績はどこも悪く、倒産率も非常に高くなっていました。

ある建設会社の例ですが、そこは従業員が15人しかいないのに、名刺には「木造住宅建設・ビル建設・増改築・健康機器・健康食品・レストラン」と書かれていました。こういう名刺や看板を見ると、いかにも積極的に見えます。しかし、その2年後、その会社は業績が悪くなり、倒産しました。

小さな会社が商品を増やし多角化すると、なぜ危ないのか。

それは、扱う商品によって客層が変われば、売り方もまったく変わってくるからです。木造住宅を建てるのはサラリーマンが中心で、商業ビルは経営者や地主がお客。健康機器や健康食品のお客は女性が中心になります。

商品が変われば客層が変わり、客層が変われば売り方も変わりますから、それぞれの客層に支持されるような営業のやり方に変えていかないと、多角化は成功しないのです。

異業種での営業経験がある人はわかるでしょうが、ルートセールと新規開拓、法人相手と個人相手、男性客と女性客では、どれも営業方法や営業トークがまったく違います。このすべてができるスーパーセールスマンはめったにいません。

「中小企業と屏風《びょうぶ》は広げると倒れる」という格言があります。大企業でも多くの会社は多角化に失敗しています。

経営力のない小さな会社は、エンドユーザーから見て、まったく関連のない複数の事業に手を出すのだけは絶対に避けるべきです。

ポイント

「広げすぎ」は命取り。商品も業種も一つに絞って力を入れよう。

商品戦略成功例⑧ 住宅リフォーム業の場合

大手がやらない住宅リフォームに一点集中で急成長

福岡を本社に、創業4年で年商25億円を上げた住宅リフォームの「ホームテック」という会社があります（２０１６年現在で年商40億）。小笠原社長はもと、三和銀行

（ＵＦＪ）のトップ営業マンだったのですが、銀行の将来性を悲観して退職しました。

その後、一定の市場はあるが大企業が本気で出てこない、規制がない、同業他社が零細、という理由で住宅のリフォーム業界に転身しました。

住宅リフォームは現在でも７兆円市場といわれる業界ですが、新築住宅に比べると工事単価は１ケタも２ケタも低く、大量生産できない分野のため、大企業は本気で参入しません。ゼネコンやハウスメーカーにとっては「いまは不況だからリフォームでもやるか」という「でもしか産業」なのです。

住宅リフォームとひと口にいっても、キッチン・バス・トイレ・洗面所などの水回り、クロス・ふすま・網戸・ドア交換などの内装、外壁・屋根・ベランダ・庭・カーポートなどの外回りと、その商品分野は数百にもなります。

大企業から見れば「でもしか産業」でも、実際にすべての商品に対応するのは大変です。

そこで、ホームテックが絞ったのは「一戸建ての外壁リフォーム」。水回りや内装は外から見てもわかりませんが、外壁は傷み具合やひび割れなどが目で確認でき、比較的リフォームニーズを探しやすい。かつ、同業他社は材料や営業方法が悪質な場合も多く、逆にチャンスだと考えたのです。

原材料には大手塗料メーカーの最高級品である「フッ素」を採用。一戸建ての外壁リフォームにだけ営業を絞り、あとで述べる「エリア戦略」と「顧客戦略」も駆使して４年で年商25億円と急成長しました。

この業界はまだまだイメージが悪く、優秀な人材はなかなか来ません。そういう社員に数百もあるリフォーム商品の知識をすべて修得させるには５年、10年かかります。その点、商品を外壁だけに絞れば社員教育もしやすく、営業もしやすい。なんでも屋の同業に比べ、外壁塗料の仕入れ面でも有利になる。

小笠原社長は起業当初から全国展開を考えていたそうです。

そのためには、商品も営業も顧客も対象を一点に絞ることが必要でした。すべてを絞ればシンプルになり、システムにしやすく、拠点展開もしやすい。弱者には大企業がやれないことを、さらに絞ってやることが成功の秘訣《ひけつ》だそうです。

強い商品が見つからなくても大丈夫

ここまで考えても、なかなか世の中にない、弱者でも1位になれるという商品を探すのは難しいですね。まあ、みなが発明家やベンチャーではないですからね。

でも、安心してください。繰り返しになりますが、経営に占める商品のウェイトは3割しかないんです。つまり、どこにでもある商品でも、営業エリアの決め方や営業方法の差別化で成功する方法はいくらでもあります。

これからの章を楽しみにしてください。

ポイント
商品3分に売り7分。すごい商品が見つからなくてもがっかりするな。

商品戦略成功例⑨ 居酒屋の場合

メイン商品は料理でなくサプライズ

大分県中津と福岡で居酒屋「陽なた家」などグループ6店を経営するオーナーの永松茂久さんは、20代でたこ焼き移動販売からスタート。現在は飲食店経営のほか、本の出版や講演研修でも大活躍です。

「陽なた家」のメイン商品は料理でなく「サプライズ」。わたし（栢野）も何度か遭遇したのですが、店内でいきなり電気が消えてキッチンの炎が燃え上がり、時にはトランペットが鳴って「おめでとう!!」と来店客の誕生日を祝う。ほかの一般客も一体になってです。

人によっては「うるさいので二度と行かない」が、若者やなにかの記念日には最高のメニューですね。わたしもなにかの2次会で行ったとき、出てきたたこ焼きの皿に「ベストセラーおめでとうございます！」とソースで書かれた文字に感動しました。そんなシーンに3回ほど遭遇。

正直、料理が特別に美味い印象はないし（失礼！）、ゆっくり話したいときは絶対に使いませんが、たった4回しか行ったことがないのに、もう何十回も話題にしましたね。メイン商品は「手作りの感動やサプライズ」。大手チェーンにはできない、まさに弱者必勝の商品ですね。

先日、5回目に合コンで行ったとき、永松さんは「さあ、料理の写真をドンドン撮ってください！」と参加者に声かけ。スマホでSNSへの投稿を呼びかけたわけですが、あのひと声で撮影者が約5倍になりました。

こういう営業活動は大事ですね。さすがと思いました。

商品戦略4大原則と八つのヒント

原則その① 「なに」を「どこ」で売って「ナンバーワン」になるかを「意識」して決める
原則その② 過去に扱ってうまくいった商品は成功率が高い
原則その③ 市場規模の大きな商品、これから伸びる商品には手を出さない
原則その④ 商品・業種は一つに絞る

ヒント① 大企業がやらない商品
ヒント② 同業が弱い業界
ヒント③ 手間のかかるローテク商品
ヒント④ 嫌われものの商品
ヒント⑤ ○○限定商品
ヒント⑥ 細分化＝用途や客層や価格別に分けて対象を絞る
ヒント⑦ 売る側と買う側のズレを狙う
ヒント⑧ 業界の悪慣習のスキをつく

儲けのルール 3

成功する事業エリアの選び方

弱者のエリア戦略

「商品戦略」よりも重要な「エリア戦略」

前章の「商品戦略」では、弱者であるあなたが成功する天職の見つけ方や、強者・大企業に勝つ商品の探し方を紹介しました。

でも、抜群に競争力のある商品を見つけたり開発するのは難しいですよね。

現実的に考えると、ほとんどの人が前職で扱っていた商品や、すでに世の中にある商品・サービスで勝負せざるをえないでしょう。

画期的な新商品や新サービスを自分で開発するのは宝くじにあたるようなものだし、実際に新商品を編み出しても、すぐにマネされるのが世の常です。

「商品3分に売り7分」

商品の良し悪しよりも、どこでだれに、どうやって売っていくかというエリア戦略と客層・営業・顧客戦略のほうが大切なのです。

経営者であるあなたは、こちらに大きなウェイトを置き、頭を使ってください。

「営業エリア？　そんなことは関係ない。とにかく売れればいい」

という人も多いでしょうが、業種や商品によっては、このエリア戦略を知っているのと知らないのとでは、売り上げや利益に数倍、または1年で数百万円、10年で数千万円から数億円の差が出てしまうのです。

ただ、一部の特殊商品や通販・インターネット販売の方にはあてはまらない部分もありますが、参考までにお読みください。

ポイント
商品3分に売り7分。あなたは売ることに力を注ごう。

アメリカにはないエリア戦略

営業エリアを決めるときに、どういう考え方で決めたらいいのか？

商品を売る場合には、会社と人の数が多いほうが儲かるだろうと考えがちです。九州なら福岡、日本中なら大阪か東京が1番だ、いや全国が対象だと、まあ、みんなこう考えるんですね。

それがほんとうに正しいのか、考え直してみる価値はあります。

いまでもそうですが、経営学やマーケティングのほとんどはアメリカからのものです。日本の経営学者やコンサルタントもみな、その解説をやっている。

ところが、エリア戦略はちょっと事情が違うんですね。

アメリカは国土が日本の25倍。かつ、平地は日本の40倍以上。アメリカはどこに行っても平地なんです。しかも、移民であるよそ者がたくさん入ってきている。

日本は平安時代から令制国があって、それが江戸時代に藩、明治時代に県になり、地域共同体があって、人的な結び付きが多い。しかも、日本は島国で半島や島が多いので、どのエリアで売るのかという選択が、アメリカに比べてはるかに難しいんです。

つまり、緻密《ちみつ》にやらないとうまくいかない。

逆に、アメリカでは細かいエリア戦略というのはありません。だから、アメリカから輸入してきた経営学やマーケティングのなかには、エリア戦略はほとんどないのです。

ポイント
日本で営業するあなたは、日本独自のエリア戦略を学ばなくてはならない。

お客が多いところは敵も多い

「商売やるなら人口の多いところがいい」

「胃袋の多いところが儲かるんだ」

「営業エリアは広くしたほうが売り上げが上がるよ。お客の数が多くなるから」

みんなこう思っていて、そうするんです。

ところがね、お客が多いところには、競争相手がたくさんいるんです。あたりまえでしょう。みんな、お客が多いところのほうが儲かると思っているんだから。

でも、お客の多いところでは、競争相手があなたの会社を側面から妨害してくるんです。

しかも、競争相手との力関係は2乗比になるんです。ランチェスターの第2法則で、これが証明されました。

それを戦争に応用すると、15%以内の誤差で戦死者の数がそのとおりに出てくる。人の殺し合いですからね。その程度の誤差なら大したもんですよね。

自分の力が1で敵が0・5でしたら、ほんとうの力関係は2乗になるので、1対0・25になります。自分が競争相手に比べて戦闘力を持っていれば有利ですが、戦闘力がなければ圧倒的に不利になってしまいますね。

ですから、人口が多いところがいいとか営業エリアは広いほうがいいというのは、競争条件が有利な会社にとってはいい戦略なのです。

ところが、いまから独立しようという人や力が弱い小さな会社は逆なんです。人口が多いところで営業しては失敗します。

競争相手が1で自分が0・1なら、2乗にすると自分は0・01。そんなもの、初めっから勝てっこないんです。

地方でちょっと成功すると、すぐに東京や大阪や名古屋に支店や営業所を出す会社が多いですね。でも、人口の多い大都市には、必ず東京や大阪に本社がある大企業が何社も進出していますし、地元で長年やってきた強い会社がいるものです。

こういうエリアで、独立して間もない会社や小さな会社が営業すれば、特別な商品力を持たない限りは、強い会社からまともに2乗作用を受けることになります。

ポイント！ 戦闘力は2乗になって弱者を襲う。経営は戦争と同じ。だからあなたは競争相手がたくさんいる都心部での営業は不利になる。

東京で三流よりも田舎で一流を目指そう

わたしは独立後、講演活動に入り、いままで約4300回くらい講演しました。

「竹田さん、あなたは本も書いているし、講演もおもしろいから東京にきて活動しませんか」と言ってくださる人もいます。

でも、東京に行ったら三流なんです。東京に行ったら確かに収入は上がるかもしれませんが、東京のようなエリアではわたしなんか三流なんです。

福岡でやれば競争相手が少ないから、どうにか二流でもやれる。福岡の田舎だから目立つんです。

これが東京の三流だったら、だれも講師に呼んでくれないし、本の出版もできなかった。だから、わたしのようなイナカッペエは福岡で良かったんです。と言ったら福岡の人に怒られるかもしれませんが、わたしも福岡なんで怒らないでくださいね。

読者のなかには「おれはこんな田舎で不利だ」と思っている人がいるかもしれませんが、東京や大都市で営業するより、それだけで有利なんですよ。

大都市には上には上がいくらでもいますからね。都会のみなさんで、どうもうまくいかんなという人は、田舎にUターンまたはIターンするのもいいですよ。

田舎は東京ほど強い敵がいないですからね。これも一つの生き方です。

なにかの事情で東京や県庁所在地などの大都市に進出できない人も多いでしょう。

でも、それはそれでいいのです。鶏口牛後。大都市でビリよりも田舎で1番を目指す。

これが弱者の戦略です。

ポイント！ これから起業するなら田舎はいいぞ。

エリア戦略成功例① 結婚式場の場合

過疎地の結婚式業で上場会社に

人口５万人の佐賀県伊万里市に「アイ・ケー・ケー」という上場会社があります。１９９５年創業のハウスウエディング系結婚式場で年商は約１６０億（２０１５年度）。「ラーメン一風堂」の創業者から誘われた自己啓発研修（泣き叫ぶ感動洗脳系・講師は行徳哲男）で一緒になったのですが、なんと竹田陽一の戦略教材を全部持っていました。佐賀の竹田ランチェスター代理店・竹中さんから指導を受けたと。

わたし（栢野）はまったく知らなかったんですが、なんと２０１３年に伊万里市初の東証１部上場企業に。調べて驚きました。このハウスウエディング業界は年商６００億や５００億の先発大手が東京や関西にあり、なんで伊万里のような田舎発で成功したのか？

その理由の一つは、会社案内の店舗を見て唸《うな》りました。伊万里からスタートして全国展開したのですが、九州は佐賀県鳥栖、大分、宮崎、佐世保。九州以外では高知、福井、金沢、富山、福島県いわき、岩手県盛岡。なんとも見事に地方都市ばかり。

同業の大手は東名阪に福岡と札幌に仙台とどこも100万都市以上に出店。それに対し、「アイ・ケー・ケー」は人口15万人から50万人以下。160万都市の福岡にもあとで出しましたが、市内のはずれです。

金子社長は洗脳研修で泣き叫ぶほど、社員と顧客が一体になった感動「理念経営」を1番に掲げ、きめ細かい接客や優秀なシェフの人材ソフト提案力も株主に告知してます。しかし、いくら理念や現場の接客力に優れていても、伊万里本社のど田舎企業が、イメージやブランドが重要な都市型ウエディングでは、東京本社で年商も3倍や4倍の先発強者には勝てませんね。大都市圏では。

でも普通は、やっぱり東名阪や福岡・札幌に出てしまう。成り上がりたい田舎もんは。そこを田舎もんらしく、全国展開でも地方の田舎都市に出していった。潔い選択ですね。

強い敵とは戦わない。

地方でもだれも行かないエリアを狙う

とはいうものの、田舎や地方都市にも、各業界にはそれなりに強い会社があるものです。独立したばかりで商品や営業の差別化もできない会社が、強い会社から圧迫されずにお客を作るには、営業エリアの差別化が必要になります。

それが「一騎打ち戦的エリア市場」です。

「一騎打ち戦的エリア市場」とは、たとえば、海や山や川など自然の障害物で分断され、地域の独立性が高く、しかも経済規模が小さいところを言います。

つまり、強い競争相手がいない場所ということです。

離島、半島、入り江の港町、盆地、谷筋、山すそ、川べりの市や町などなど。人口が多い市のなかでも、県境の市はあまり行く人がいないので穴場です。

地図を見るとわかりますが、日本は火山の島国ですから、「一騎打ち戦的エリア市場」が全国の約3割を占めます。しかし、離島や半島は交通が不便であるために見落とされがちです。

また、営業コストが高くつく大企業は、大都市や県庁所在地から離れている「一騎打ち戦的エリア市場」にあまり営業に行きません。かりに営業に行っても、取引高が知れているので本気で営業しません。

こういう大手が無視するエリアは、独立者や小さな会社にとってはチャンスです。

ポイント
田舎にいるあなたは「一騎打ち戦的エリア市場」でより有利な経営を。

エリア戦略成功例② 創業4年目の住宅リフォーム業の場合

だれも行かない場所への出店で年商25億円

前章でも紹介した住宅リフォームの「ホームテック」。全国約十数カ所に展開していますが、大都市をはずしたエリア戦略で、「いや〜、高知なんかサイコー！　こんなところには大手はこない。楽勝ですよ！」と、創業初年度から言っていました。

人並みはずれたリーダーシップと意欲のある社長の場合、1店舗目が成功すると

日本全国一騎打ち戦的エリア

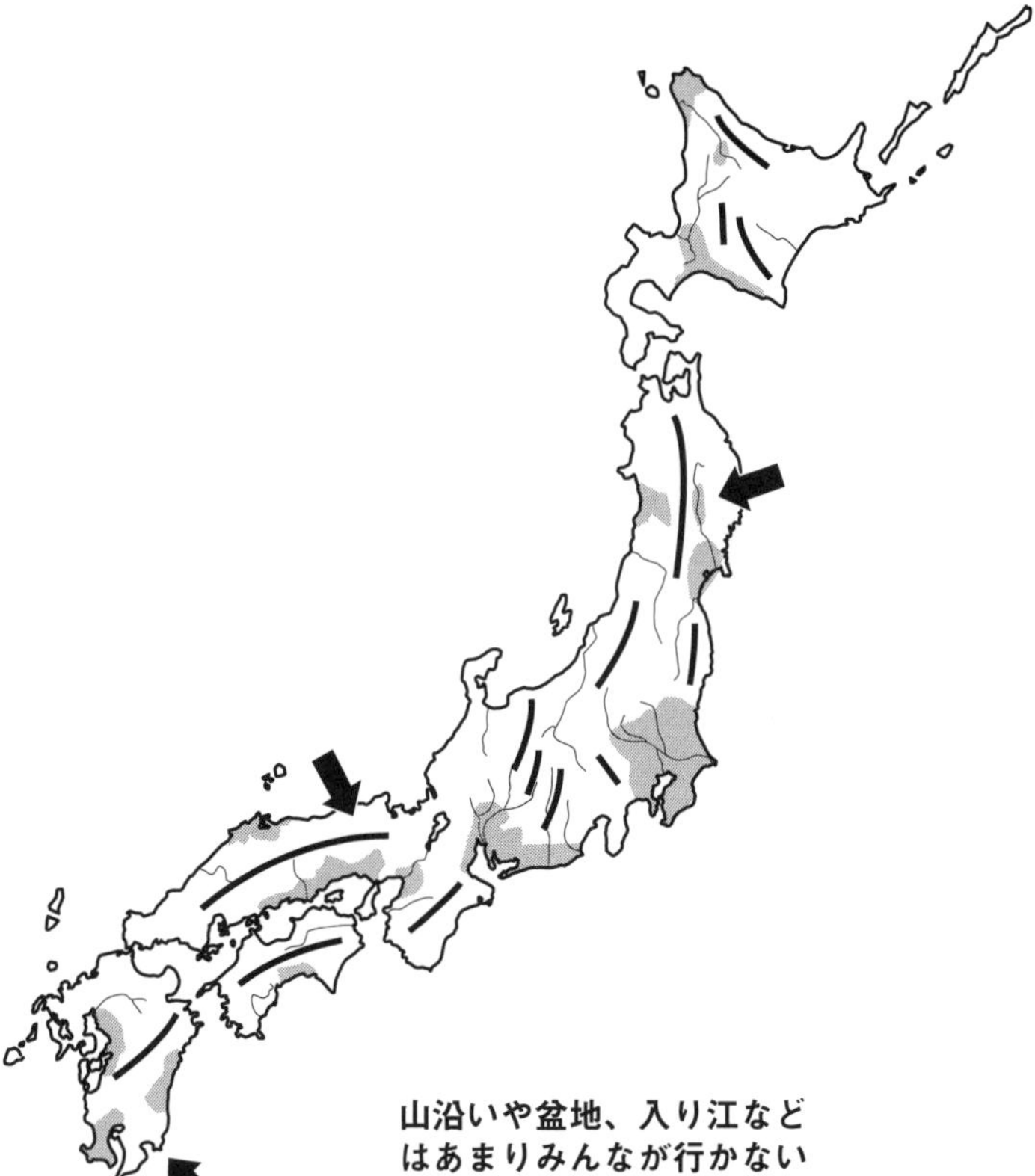

山沿いや盆地、入り江など
はあまりみんなが行かない
のでチャンスです。

次々に拠点展開したがりますね。

大いに結構なのですが、どこに出店するかは、きちんとした戦略を持たないと失敗します。一度出店すると簡単には退去・移転は難しく、全体の足を引っ張りかねません。

ホームテックのような多店舗展開型企業の場合、エリア戦略が命運を決めると言っても過言ではないんですね。

ホームテックは商品力ではほかを圧倒していますが、古い業界ではまだまだ若造。現場個々人の営業パワーでは業界の先発強者に劣ります。

そこで、出店エリアは強者の多い東京や大阪はやめて、当初は四国や静岡の郊外を選びました。現在は福岡市や名古屋市、仙台市などの100万都市にも拠点はありますが、競争の激しい市の中心部は意識してはずしています。

ホームテックはエリア戦略で敵との差別化をはかり、「強い敵とは戦わない」経営戦略をとって成功しているのです。

都市なら盲点・死角をまず狙おう

不幸にも？　住まいの関係で大都市でやらざるをえない人はどうすべきか？

一般的には、都市の中心部は人も会社も多いので、中心部で営業すると売り上げも利益も多くなると考えられていますね。

しかし、人口の多い都市の中心部は大企業や地元の大手が数多く存在し、ほかの会社も数多く営業に行ってます。つまり、競争がもっとも激しくなっているのです。

そこへ独立したての会社や小さな会社が行っても、とても勝ち目はありません。

人口の多い都市でも、周辺には山や丘がせり出していて、半分盆地のようになっているエリアがあります。さらに、川や鉄道、高速道路、工場など人工の建築物で分断されているエリアがあります。

こういうエリアを「都市型の一騎打ち戦的エリア市場」と言います。

「都市型の一騎打ち戦的エリア市場」は盲点や死角になりやすく、大企業や強い会社の営業マンは無視しています。つまり、都市のなかでもライバルがいないエリアです。

独立して間もない人や小さな会社は都市の中心部を避け、こういった都市のなかの田舎、死角を狙うべきなのです。

「都市型の一騎打ち戦的エリア市場」にある会社や一般住宅にはあまり営業マンが来ていないので、都市の中心部に比べると面会率も高く、断りも厳しくないので、販売技術が未熟な人でもそれなりに実績が出せます。

人口の多い都市で独立した人は、まず都市の周辺部か郡部で得意先を作って実績を出す。それから徐々に中心部に向かって行くのが正しい手の打ち方になります。

ポイント

都市で営業するあなたは、まず「都市型の一騎打ち戦的エリア市場」から攻めていこう。

営業エリアは狭くしよう

営業エリアを広げると市場が大きくなる↓見込み客が増える↓売り上げも利益も上がると考え、小さな会社でも「うちは関東一円どこでも行きます」的な企業が多いですね。

しかし、少ない人数で営業エリアを広げると、特定の単位面積あたりに投入する販売力がそれだけ低下してしまうんです。

たとえば営業マンの人数は同じなのに、営業エリアの半径を2倍に広げると、円の面積は半径の2乗になるから、単位面積あたりに投下する販売力は4分の1になってしまいますね。

外に出て営業活動する業種の、日々の仕事時間を分析してみましょう。

①移動時間――自社から得意先、得意先から得意先までの時間。車、電車、徒歩

②社内時間――計画や企画、資料準備、伝票整理、会議、打ち合わせ、経理

③面談時間――お客と会っている時間、お客への電話、FAX、ハガキ、メール

あたりまえですが、車に乗って移動しているときや会議そのものからは、なんの売り上げも利益も生まれません。経営で利益を生むのは、こちらの商品とお客のお金を交換したときだけ。つまり、利益を上げるには、③の面談時間（お客活動時間と言ってもいいですね）をいかに増やすかが大事になってきます。

移動時間を何%に押さえるべきかは、1回の取り引きで生じる粗利益額によって違うため、一概には言えません。しかし、一般的に見ると、メーカーで50%、卸売業で40%、業務用の販売業では35%が移動時間のマックスのようです。

また、事務機や小口の印刷業で1回の取り引きが比較的小さい場合は、移動時間を30%以下に押さえておかないと、採算の維持が難しくなります。とくにダスキンや配達弁当のように小口の取り引きは、移動時間をもっと少なくしないといけません。

広いエリアを回っていると、いかにも仕事をしているような気分になり、肉体的にも疲れます。この疲れがいい仕事をしたと錯覚させてしまうんですね。

「今日は200キロ走った。よし、明日は300キロ走ろう」

走ったって意味はないんですよ。

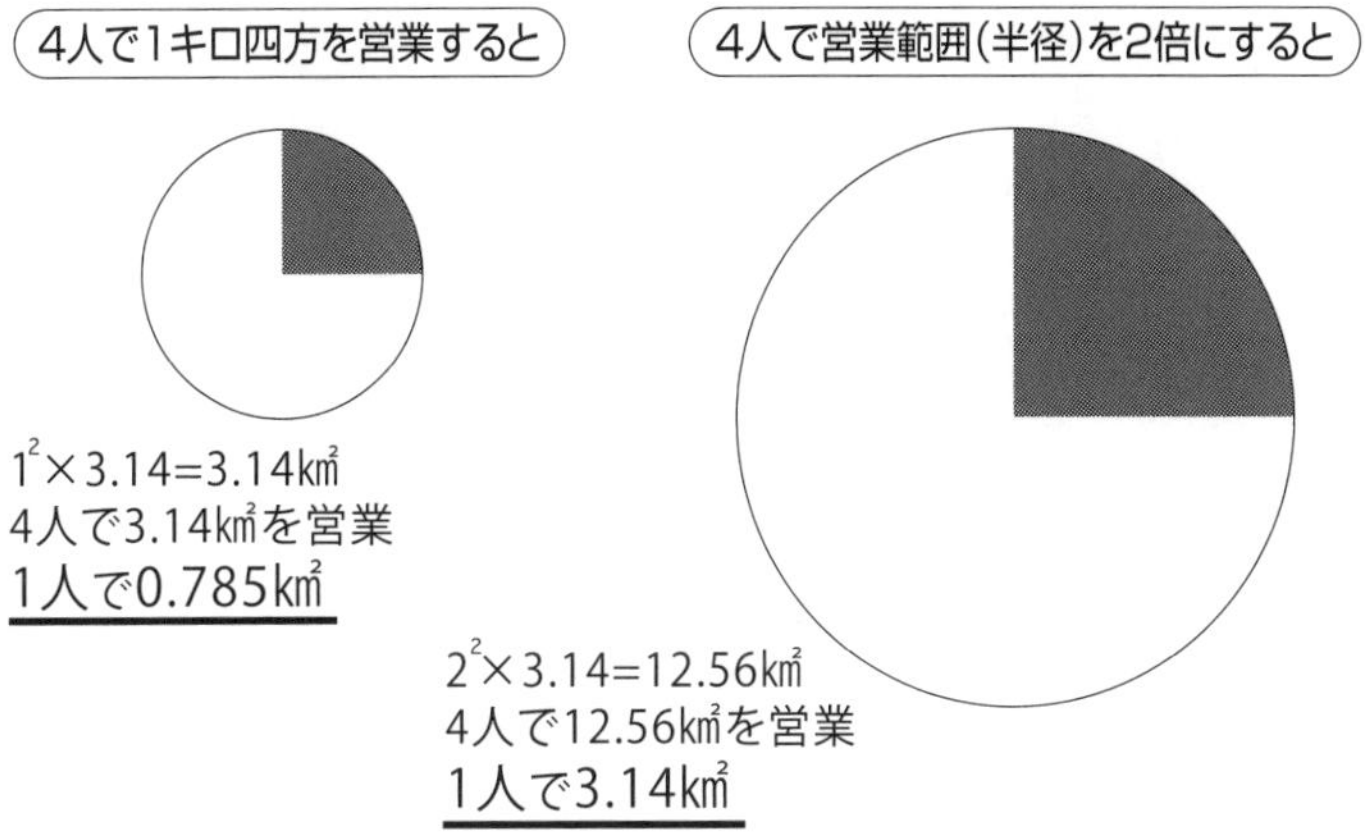

（営業範囲の半径を2倍にすると、4倍回らなくてはいけなくなる）

自分では一生懸命やっているつもりなんです。でも、効率が悪いから利益は上がらない。

「近頃の業績はどうですか？」

「いやー、儲からないうえにバタバタしてます」

これを「バタバタ貧乏＝バタビン」と呼びます。これが小さい会社の社長には多いです。「バタビン協会」の支部長が務まるような人が全国にたくさんいます。

移動は新規開拓のときだけではありません。その後も納品、集金、アフターサービスと頻繁に発生します。とにかく、移動コストほど高くつくものはない。優秀な工場は構内の移動時間がないでしょう。ムダがないようにしている。目に見えないロスをなくすことが非常に大事なのです。

とにかく、見えざる敵は移動時間だということを忘れてはなりません。

ポイント
利益が生まれるのは、商品（サービス）とお客のお金を交換したときだけ。移動時間を短くするために、営業エリアは狭くしよう。

エリア戦略成功例③　街の小さな不動産会社の場合

営業エリアを100分の1にして年商・年収3倍に

都心の死角を見つけ、営業エリアを狭くして成功したのが、福岡の中洲にある従業員20人の「福一不動産」です。

エリア戦略を創業3年目より実行。以来、年商は倍々で増えています。わたし（栢野）は、このときから福一さんに出入りしているので、その後の成功・発展には驚きましたね。

社長の古川さんは前勤務先の大手マンションディベロッパーをリストラ退社後、奥さんと2人でマンションの販売代理業を始めました。

創業当初、古川社長は今日は福岡、明日は大分、明後日は熊本と、とにかく売れる見込みがありそうなお客を求めて走り回りました。売り上げは上がらなくとも、営業方法自体にはとくに疑問は抱かなかったそうです。マンション会社時代は金持ちを狙った広域営業でうまくいっていたんですね。

マンション販売は大手の競合他社も多く、売れても一発勝負で、お客との継続取引きはないに等しいのです。広範囲を狩猟民族のようにさまよう日々で生活も追い込まれ、一か八かエリア戦略を実行しようと、自店周辺のマーケット調査をしました。

その結果、周囲500メートル圏内に年間で約20億円になる市場を発見しました。近くの歓楽街のスナックやバー、クラブなど、店の新規開店や移転だけで年間20億円もの不動産賃貸市場があったのです。普段は飲みに行くだけだった歓楽街は、眠れる市場だったのです。

創業4年目の冬、古川社長は営業車を手放し、営業方法を自転車と徒歩に変えました。そして、半径500メートル内をくまなく歩き回って、またまた大発見をしました。エリア内には競合他社が実質1社しかない。この地区は歓楽街ということもあってトラブルも多く、不動産会社がやりたがらない「死角のエリア」だったのです。

それからは、いままで福岡県全域にまいていたチラシを中洲地区だけに集中。チラシは毎週エリア内に手配りすることにしました。

さらに、地域のイベントや店を紹介した地域新聞を発行したり、お客の対象となるクラブやスナックがどうしたら繁盛するかを共に話し合う勉強の場を作ったりと、地域のコミュニティに貢献する活動をしました。

古川社長の不動産屋のウワサは中洲の歓楽街をかけめぐり、エリア戦略を実施して3カ月で月商は150％増。1年後には200％、3年後には300％と、不況下に業績を3倍に伸ばしました。ちなみに、このエリア戦略にチャレンジ当初の年商は、わずか750万円でした。

営業エリアを狭くするのは勇気がいります。

古川社長はそれまでのエリアを100分の1にしました。売り上げが激減するのではと気が気でなかったそうですが、以前は7割近くあった移動時間が、いまではお客との面談時間が7割になったんですね。

営業単価は大幅に減りましたが、年商も年収もチャレンジ3年で3倍になった。宝の山は足元にあったんです。現在の年商はチャレンジ当初の26倍（2億・手数料）です。

究極の「陶山訥庵」エリア戦略

狭いエリアで集中的にお客を作るときに参考になるのが、長崎県対馬で8万頭のイノシシを退治した「陶山訥庵《すやまとつあん》のエリア戦略」です。

時は1700年頃、昔から対馬には人口2万人に対してイノシシが約8万頭もいて、島民は農作物の被害に苦しんでいたんです。ただでさえ、数はイノシシ4対人間1ですから、人間がいくらヤリや鉄砲で退治しても、春には子どもが生まれて、秋には育ったイノシシが仕返しにくる。毎年この繰り返しで、島民はあきらめていたんです。

そこで立ち上がったのが郡奉行《こおりぶぎょう》だった陶山訥庵。

島を北から9分割し、東西に大垣を打つ。その大垣のなかをさらに内垣で細かく分断し、内垣内のイノシシを退治。これを繰り返し、1年で最初の大垣内のイノシシを全滅。2年目は次の大垣を東西に打ち、同じく内垣で囲んだなかのイノシシを全滅。これを繰り返して9年で8万頭のイノシシを全滅させたんです。

こういうふうに、一つひとつ片づけていくやり方を「各個撃破主義」とか「個別目標達成主義」と言います。

つまり、一つのエリアに徹底して集中する。バラバラあちこちに行かない。

これをずーっと繰り返し、そのエリア内で圧倒的なシェアを取る。

だから、損害保険、リフォーム、小口の印刷など、どんな家庭や会社でもニーズがあり、1回の取り引きが小口の場合、陶山訥庵のエリア戦略が有効なんです。

まず、自分の大垣＝最大営業エリアを決めましょう。そこから先には行かないラインを決める。

たとえば、電車の踏切、川、国道などで仕切ります。

次にそのなかに内垣を作り、ここを集中的に回ります。

そして、ここで1位になるまでがんばる。1位になったら巡回数を減らして横へ移動。あちこちに行かないこと。じわじわと行きましょう。そして、内垣内にお客を少しずつ増やして行き、敵を追い出すのです。このやり方を東京で実行しナンバーワンになったのが「セブンイレブン」や事務機の「大塚商会」です。

この「敵を追い出す」というのが一番いいですよ。業績は敵とのバラバラの競争の結果、上がらないんです。だから、敵をせん滅するというのが大事ですね。

「陶山訥庵」のエリア戦略

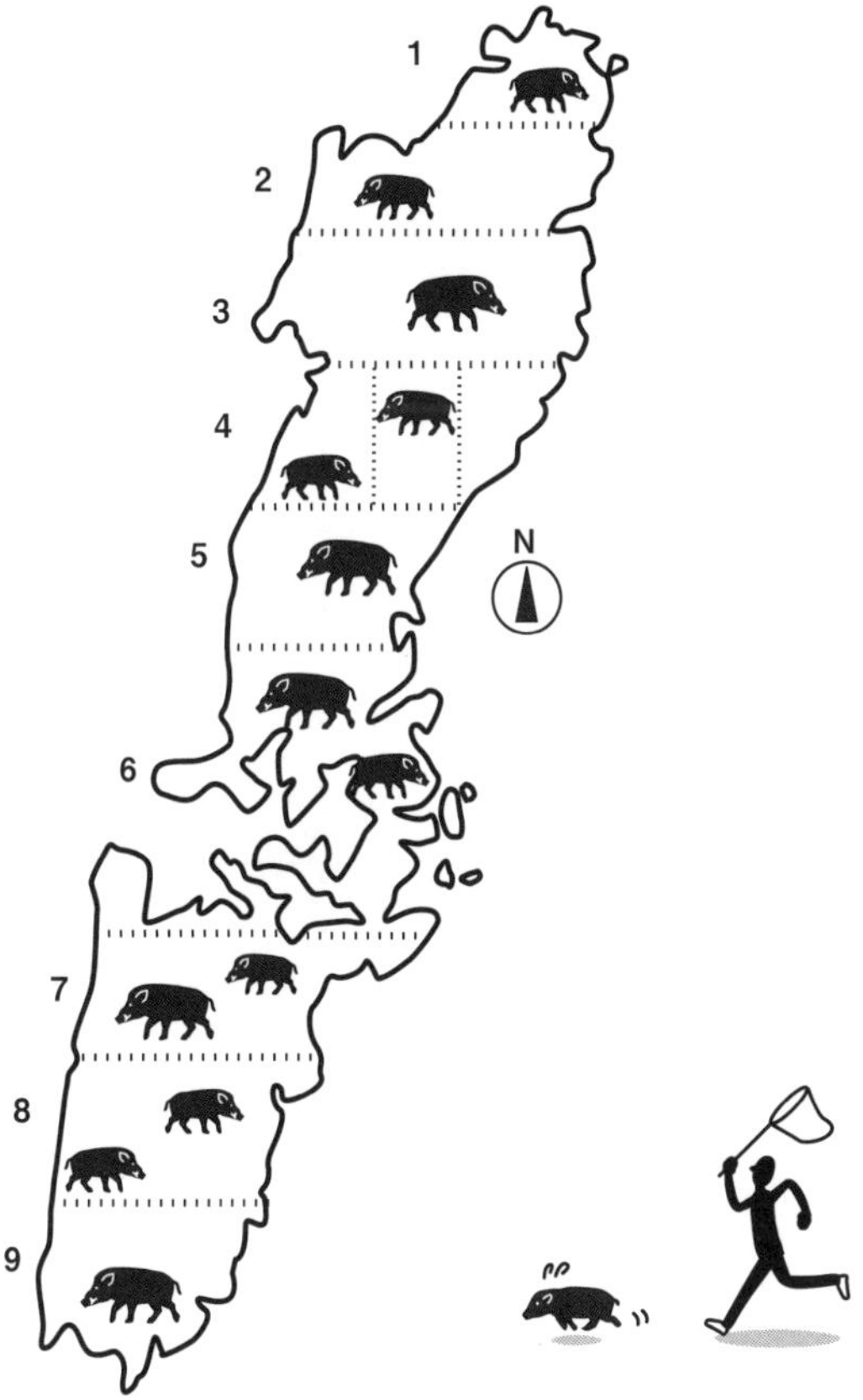

島を南北9つに分け、1つずつ垣根のなかのイノシシを倒していったら、9年で島からイノシシがいなくなった！

それが陶山訥庵の戦略です。

陶山訥庵の戦略は、ローカルな対馬の事例ですから、全国で応用がききます。

ポイント
敵を追い出すには営業エリアを区切って、一つずつ攻略していこう。

エリア戦略成功例④ 住宅リフォーム業の場合・パートⅡ

営業エリアを一歩でも出たらクビ

ホームテックは「陶山訥庵エリア戦略」も取り入れています。

新しく出店したら、その店の営業エリアは車で往復30分以内と限定してしまっているんです。

すごいでしょ。車で片道15分といったら、かなり狭い営業エリアですよね。

営業所内には地図を拡大コピーし、川や大きな国道で分断されたラインでエリアを決め、そのラインを越えて営業・契約した場合、即刻クビの徹底ぶりです。

訪問ルートは大垣と内垣をまず設定。各営業マンは担当エリアを1軒ずつ調査・営業し、２カ月でひととおり回り終えます。３カ月目からは、また最初から同じエリアを訪問巡回する。これを半年、１年、２年と継続しています。

この業界の営業常識は「とにかく回れ、契約を取ってこい」。

戦略はなにもない企業がほとんどです。一度回ったエリアで見込みがなければ、すぐに次のエリアに移動して無差別に飛び込み訪問する。まさにバッタの集団移動みたいなものです。

そして、気がつくとどんどん営業範囲を広げて、いつの間にか狩猟民族のようになっている。

ホームテックは農耕民族。一度エリアを決めたら、最低でも10年間はそこから動くつもりはありません。陶山訥庵の戦略どおり、エリア内だけで深く耕し、シェアを徹底的に高めています。

ちなみに、この戦略でほぼ全店がオープン３カ月目には黒字に転換。創業３年目ながら年商25億円で経常利益は億単位。実質、無借金経営に移行しました。

エリア戦略成功例⑤　大手コンビニエンスストアの場合

4倍の差がついたローソンとセブンイレブン

大企業のケースですが、エリア戦略による決定的な差が業績に大きく影響した、わかりやすい例があります。「ローソン」と「セブンイレブン」です。

ローソンが「全国47都道府県に出店を達成！」の1997年、セブンイレブンは31都道府県でした。当時もいまも店舗数は、常にセブンイレブンがローソンの1・5倍も多いのに、です。

つまり、ローソンが全国制覇を先にした者が勝ちと広範囲に出店したのに対し、セブンイレブンは出店エリアを絞り、そこでシェアを高めたうえでほかに移動。戦力の分散を防いだんですね。

また、新店舗の出し方もローソンとセブンイレブンでは違います。ローソンが県内全域にバラバラと出したのに対し、セブンイレブンは一局集中出店。つまり、車で走るとわかりますが、「さっきセブンイレブンがあったのに、すぐ近くの同じ道にまたセブンイレブンがある」という光景を目にした読者の方は多いでしょう。

コンビニの運営は典型的な小口配送。パンなどの生鮮品は日に２度も３度も配送する必要があります。本部からすると、この配送コスト・時間はバカにならないのです。本部にとって、加盟ＦＣ店は顧客です。小口の配送が多い場合は、遠くに行かずにエリアを絞り、そのなかで多くのお客を作る。これがコンビニなどでは基本戦略です。本部の業績はどうでしょうか。２０１３年の１人あたり経常利益では、ローソンが１０１２万円に対してセブンイレブンは３４００万円。

エリア戦略の差だけではありませんが、なんと約３倍近い差が開いています。

１店舗あたりの平均年商もローソンが１・９億円に対しセブンイレブンは２・５億円と約30％の差があります。

商品の品ぞろえや接客サービスなどは比較的短期間で改善できますが、一度出店した店はＦＣ契約などによって10年～20年は移転が難しい。小手先の戦術や販促キャンペーンをやっても、戦略の差は取り返しがつかないほど大きいのです。

エリア戦略成功例⑥ 訪問販売個人FCの場合

毎年ベスト3をキープするダスキンの秘密

「ダスキン」の個人事業主で毎年、九州トップ3に入る、「ダスキンサーブ」の伊藤代表は創業期からエリア戦略を実行しています。

福岡市は人口約150万人と、ローカル都市では大きい規模です。市内のあちこちにそれなりの市場があり、営業にとっては目移りするエリアです。

しかし、伊藤さんは営業エリアを市内の3カ所だけに絞り、それ以外の地区からはいっさい仕事を取らないようにしています。ダスキンの仕事は典型的な小口取り引き。マットやモップの交換で月に2000円～2万円くらいが中心です。

伊藤代表は社会人になってすぐの頃からランチェスターのエリア戦略を研究。サラリーマン時代に医薬品営業で社内ナンバーワンになり、その次に勤めたスポーツ機器営業でもナンバーワンになっていました。

ダスキンをやるときも、エリア戦略が一番大事だとわかっていたそうです。だから、最初はだれもがすがる友人知人の紹介にはいっさい頼らなかった。紹介だと、エリアがあちこちに飛んでいます。エリア戦略を間違えるとあとが大変です。広範囲に客を作ると移動にばかり時間をとられ、すぐに物理的限界に達してしまいます。

ダスキンの場合、一度契約をとると、それからは2週間に1回必ず定期巡回をしなくてはいけません。手間がかかるからといって、契約解除もしにくいですから、市内のあちこちにお客を作った人はまさにバタビンです。

信念の人になるには、やけどが必要なこともある

経営というものは、競争条件が不利だったら不利でも勝てるところを探すことでうまくいくものなんです。

ホンダやソニーのように、小が大と同じ土俵で戦って勝つのはカッコいいけれど、あれは万に一つの天才の話。不利は不利でいいから、その不利な条件で勝てるところを探す。エリア選びもそうですよ。だから、不利な人でも勝てるエリアを探すんです。

そして、この原則を次は検証してみる。

これが大事。

強い人というのはどういうところにいるのか？　経営規模が小さいのに圧倒的な1位になっているのは、どういうエリアに出ているか？　調べてみる。いろんな話を聞いていたら、多くの情報が入ってくる。

自分の手で聞いたことを検証すると信念になる。信念になると迷いがなくなるから、同じことをやったのでも力の入り方が違う。

迷いながらやったものとね。相撲でもそうでしょ。迷いながら立ったのとバーンといったのでは破壊力が違うでしょ。これが信念の力。

実はこの前も、わたしのお客さんで京都の飲食店から相談がありました。エリア戦略もいいけれど、やっぱりマーケットの大きい東京でやってみたいと。そうとうな意欲がある人でね。

京都からいきなり東京は論外。おそらく失敗します。でもね、こういう意欲的な人は1回失敗しないとダメなんです。1回やけどをしないと熱さはわからないから。

でも、ルールを知っていたら命取りにはならないんです。だから、1回東京に行きたい……ああ、行ってくださいと。やっぱり間違っていたと痛い目にあわないと、信念にならないんです。これが人間の欲の深いところというか、愚かさというか。

賢者は人の失敗を見て自分の教訓にするが、凡人は人の失敗を見ても自分の教訓にしない。自分が失敗して初めて学ぶと言いますね。

失敗と挑戦は紙一重ですし、自分と会社の命に別条がない範囲でなら、やってみる価値はあるでしょうね。

ポイント！

競争条件が不利なあなたは、それでも勝てるエリアを探す。失敗してもそれを信念に変えるくらいの気持ちで。

エリア戦略3大原則と四つの効能

原則その①　強い競争相手が少ないエリアを選ぶ
原則その②　営業エリアを狭い範囲に絞る
原則その③　絞ったエリア内で集中的にお客を増やす

すると、

効能その①　ムダな移動時間が少なくなる！
効能その②　お客との面会時間が増えて売り上げが上がる！
効能その③　エリア内でのシェアが高まる！
効能その④　競争相手が逃げ出す……業績アップ！

儲けのルール
4

成功する客層の選び方

弱者の客層戦略

売る相手は絞る

商品と営業エリアが決まったら、その次に考えることは「だれに」売るのか。これが客層対策です。

会社に売る場合と個人に売る場合とでは営業のやり方がまったく違ってきます。個人に売る場合も、男性に売るのか女性に売るのかでまったく違います。会社の場合も、相手がメーカーなのか、卸なのか、大企業なのか中小企業なのかいろいろあってそれぞれに手法が違ってくるのです。

個人向け営業と会社向け営業の両方ができる人はめったにいません。全然違うものですから。だから、客層を広げたい気持ちもわからなくはないのですが、それは強者のやり方。弱者のあなたは客層を絞って営業しなくては成功は難しいのです。

ポイント！ 弱者は客層を絞ろう。「だれにでも売る」は強者の戦略。

客層戦略成功例① 士業の場合

美容室と飲食店専門の税理士

昔は資格があれば楽勝で食えた税理士や弁護士などの士業。ところが、いまはほかの民間業界と同じく自由競争へ。独立しても年収１００万円以下の弁護士や税理士も普通です。

福岡市の阿比留会計士は監査法人や地場大手銀行を経て公認会計士で起業。当初は高度な戦略やＭ＆Ａコンサル業務でしたが、リーマンショックで大口法人クライアントがほぼゼロに。小口だが毎月安定収入の税理士業への転換を模索します。

しかし、通常の税理士業も過当競争。ランチェスターとブルーオーシャンの戦略本を参考に、商品・地域・客層を細分化。ライバル不在、もしくは後発弱者の自分でも勝てる分野とポジショニングを模索。その結果、業種は飲食と美容室のみ、営業地域はオフィスから30分以内に限定して移動時間を省略しました。

飲食と美容室は小さな個人事業が多く、高い顧問料は払えないので税理士は力を入れません。しかし、阿比留さんは対象業種を絞ることで業務のマニュアル化を促進。パートでも業務が行なえるように簡素化し、顧問料も年間で10数万円削減。職員数名体制で年商1億円弱の会計事務所運営ノウハウを確立。その運営パッケージを導入した同業の会計事務所も2年で100カ所を超えています。

顧問先の新規開拓では、飲食と美容室に強い不動産会社と提携。大半の独立開業者は日本政策金融公庫などから資金調達しますが、阿比留さんは難しい事業計画書の作成代行と経営コンサルも指南。紹介がほぼ100％で、広告宣伝費はほぼゼロです。

客層戦略成功例②　居酒屋の場合

借金40億を16年で完済した「オヤジ戦略」

父親の急死で家業の居酒屋チェーン（湯佐和グループ・鎌倉本社）を引き継いだのでしたが、いつの間にか40億円の借金連帯保証人にもなった湯澤さん。当時十数店ありましたが、湯澤さんがキリンビール時代に学んだのが一点突破全面展開。まずは1店の成功事例を作り、それを全店へ広げようと改革をスタートしました。

自宅近場の店を選び、商品メニュー、市場、客層、ライバルとの比較検討など客観分析。結論から言うと、商品とターゲット客層を50代、60代のオヤジ向けに変えてヒットしました。

それまでの若者女性向けではライバルに勝てない。改装費用もなく、いまの実力でムリなく提供でき、その地域でライバルも少なかったのがオヤジ向け。まぐろとアボカドのミルフィーユ仕立てとか鎌倉野菜の彩サラダなどのカッコいい系はやめ、オヤジに受けるダサい肉じゃがや刺身を中心にして、客数も売り上げも利益もアップ。

このあたった50代、60代オヤジ向け居酒屋を他店にも全面展開。同時に魚のセリに参加して直仕入れできる権利も取得し、新鮮で安い仕入れ力も確保。さらに競争の激しい駅前店は閉鎖して、ライバルの少ない田舎駅周辺店に注力。商品と客層で地域ナンバーワンクラスに差別化できた居酒屋に改革できました。

客層戦略成功例③ 士業の場合

「うつ病専門？　そんな仕事はしたくない」

先日、わたし（栢野）は大分県の人口10万人ほどの地方都市で、青年会議所さんに呼ばれて講演講師を務めました。懇親会には10名の幹部が参加されましたが、そのなかに起業1年ちょっとでもう軌道に乗っている社労士さんが。きけば「障害年金」申請代行に特化していました。

「大分　障害年金」の検索ではその社労士だけ。「福岡　障害年金」ではすでに複数出ます。その延長で、さらに専門特化したのが、東京の「うつ病専門」の社労士さん。受注件数は年間約１００件で、１件あたりの成功報酬を30万円とすると３０００万円の年商（粗利）。これを1人でやっています。

知人の社労士に話すと、「ああ、障害者系ね。うつ専門？　そんな仕事はしたくない」と言いました。

借金の過払い請求を代行する弁護士や司法書士も増えましたが、これもプライド高い士業は敬遠します。だからチャンスですね。住宅業で倒産した知人は、司法書士で再起した10年前に過払いに特化。やはり同業から「そんなグレーな仕事を」とバカにされましたが、「罵倒《ばとう》や借金取りの対応は倒産経験で慣れている」と邁進《まいしん》し、数億円の資産家になりました。「人の行く 裏に道あり 花の山」。

客層戦略成功例④ 旅行代理店の場合

熟年層をターゲットにして東証２部上場

旅行業界では「Ｈ．Ｉ．Ｓ．」が客層を学生や個人海外旅行マニアに特化して成長しました。２０００年に東証２部に上場した「ニッコウトラベル」は、なんと平均年齢70歳以上の熟年層を専門にした旅行代理店です。

通常なら３泊４日のツアーを５泊７日の余裕を持たせたスケジュールにしたり、添乗員の質や健康管理サービスもワンランク上のものを提供。高くてもゆったりとした旅行がしたいという熟年層の支持を得ています。

自分の顔と性格を考える

わたしの場合は法人向けの仕事が合っていたんです。家庭向けや個人向けの営業は苦手です。わたしは性格が気難しいし愛想が悪い。成績が悪くて小さい頃からバカにされてきたせいか、人に会うのが好きじゃない。だから、同窓会なんかも大嫌い。それに、このアゴが張った人相。こういう顔は家庭向けの営業や小売店ではダメなんです。女性や子どもに嫌われますからね。

東京の葛飾区に、1坪で1億円を売り上げる超繁盛の総菜店「かねふじ」がありますが、この遠藤社長の体型は、背が高くなくて丸ぽちゃ型。それに性格が明るくてよく笑う。もともと、遠藤社長は繊維機械のエンジニアをやっていたんですが、どうも機械相手はおもしろくないと転職を決意。スーパーや肉屋さんで修業して総菜屋になったんですが、外見や性格が奥さん向けに合っているのです。まさに、おかずの社長ですよ。

はやっている女性向けの小売店や居酒屋の店長も、家庭向け訪問販売のトップセールスも、そのほとんどは丸ぽちゃ型で小太りで笑顔がよく似合う人が多いですね。
わたしなんか物理が好きで、発明ものや機械が好き。コンサルの場合も製造業や卸業相手が得意です。
あまり経営戦略には関係ないように思えるけれど、自分の好き嫌いや外見、性格というのは意外に大事です。

ポイント 自分のパーソナル・スタイルは絶対に大切にしよう。

客層戦略成功例⑤ 求人広告業界の場合

若者を捨て、主婦パートに特化した求人で地域ナンバーワン

福岡で唯一、生き残っている地場資本の求人広告誌「あぱぱ」があります。残念ながらどの業界も、中央資本の支店やチェーン店に食われ、地場独立系の割合は減る一方。求人誌業界も同じ。最大手のリクルート社は昔は大都市だけでしたが、「タウンワーク」は全国30都道府県にまで発行。ローカル弱小を殺戮《さつりく》し放題です。

弱いものイジメは、大手の戦略として正しい。わたしも以前はこの業界にいたので、「あぱぱ」を見るたびにまだあったのかと思うこと20年。ふと、企業情報を精査すると、年商2億でほぼ黒字を10年以上。大半の地場中小は年商1億もないですから、規模的にも立派。従業員20名の雇用も素晴らしいですね。

そこで貞池社長を講師に4時間の勉強会を開催しました。求人誌の見た目は他社と変わらない。営業エリアも同じ。どこで差別化？　実は同業の強いライバルとまともに戦っても勝てないと、いまから10年以上前、客層を「主婦パート」に特化。求人の大市場である若者向けを捨てたんですね。

主婦パートは補助的な仕事。さらに主婦は若者と違って辞めない。つまり、求人の頻度が少ない。広告市場では小さなニッチなんですね。リクルート社ほか、大手は35歳以下の巨大市場の若者学生向けにCMもガンガン。そこは捨てて読者もクライアントも主婦求人に特化。だからか、求人誌では一番薄い。厚さも売り上げも知名度も大手に完全に負けている。が、主婦パート専門誌では地場ナンバーワンです。

配布場所も主婦が多いスーパーに交渉して設置場所を確保。さらにすごいのは、いまから20年も前に広告掲載審査を厳しくし、いわゆるブラック企業の掲載を断るようにしたんです。わたしも営業マンをやっていたのでわかりますが、実は勢いのあるブラック企業は求人誌業界にとっておいしい。急成長もするが、人使いも粗いので年中募集広告を出すんですね。

というワケで、業界で売り上げも規模もページ数も最下位ながら生き残っている理由は、強いライバルが無視するニッチ市場に棲息《せいそく》しているから。掲載基準も厳しいので優良企業が多く、主婦読者の信頼も高まりました。

と、口先コンサルは左脳分析をしたがりますが、そんな理論理屈のノウハウやビジネスモデルだけで生き残れるワケがない。実行に移す覚悟と行動と、その継続が一番難しいんですね。

実は貞池さんは30代後半から早朝ジョギングを20年以上続けています。なんと１日も休まず10キロ。雨の日も雪も地震でも。この行動継続力や根性や愛とか責任感や包容力とか人間性とか、決してマイナス思考や他人の批判や悪口を言わないとか、いわゆる右脳的で数字や理論に表せないような人間力がすごいんです。

なにがあっても毎日早朝６時台に大濠《おおほり》公園を25年も10キロ以上走り続けるパワー。同じ修業というか日課を村上春樹も30年間継続していますが、そんな習慣も貞池さんと「あぱぱ」生き残り成功要因の一つなのは間違いありません。

法人向けも大企業と中小企業では違う

法人営業の場合、売り込む会社の規模で営業スタイルが違ってきます。独立したばかりの人からは、大企業はなにも買ってくれません。大企業は用心深いし、実績のない相手は信用しませんからね。

また、大企業には数多くの会社が売り込みをかけています。大企業は信用を重んじますから、取引先も安心できる大企業を選びがちです。それに、小さな会社が万が一、大企業と取り引きできても価格競争が激しかったり、さまざまな要求が出てきてつらくなってしまうことが多いでしょう。

でも、従業員が50人以下の中小企業で相手が初代の創業社長だったら、こちらが独立したばかりでも、熱心にやれば「よしわかった」と取り引きしてくれることもあります。自分も創業期には苦労してるから、独立者の気持ちがわかるんですね。

もし、あなたが一般普及品を取り扱っている場合、まずは営業対象となる業界を小さく細分化してみましょう。すると、なかには市場規模が小さいために、大手が力を入れていない業界が必ずあります。そこに力を集中すると、大手がめったにこないのですから、小企業でも勝てる可能性があります。

わたしも講演や研修の仕事を受ける場合、100人以下の中小企業に限定しています。たまに、わたしの本を読んで、上場企業からも「今度、会社を分社化して別会社にするから、社員研修で戦略の話をシリーズでしてくれ」なんて依頼をいただくこともありますが、相手が大企業の場合はお断りしています。

昔は大企業の従業員教育もさせていただきましたが、やっぱりどうもエリートサラリーマン相手の仕事はわたしには合わない。わたしには中小企業の社長が合うんです。

高学歴かつ大企業出身で気品のあるコンサルタントがいるでしょう。車は外車でスーツもバシッと決めて、横文字を羅列した話し方もスマート。そういう人は大企業に合うんです。でも、わたしには合わない。だれにでも自分に合う客層があります。だから疲れることはしないことですね。

ポイント 法人向け営業でもパーソナル・スタイルを大切にしよう。

客層戦略成功例⑥ パソコン教室の場合

シニア層の触れ合いの場で日本最大級の生徒数に

姫路のパソコン教室「ホエール」は生徒数1000人以上と日本最大級。「いつかはフィットネスジムをやりたい」という夢の資金稼ぎとして、元SEだった大前社長が1999年より郊外のど田舎で始めました。

チラシをまくと最初から集客に成功して満員。2店舗目は近所のビニールハウスにコタツを並べ、3店目はゴルフ練習場の空室。どこもシニアが大半を占め、シニア専門ノウハウの外部提供提携先は全国300カ所へ。

「ホエール」には必ずお茶飲みコーナーがあり、休憩時間は話に花が咲いています。「インストラクターの仕事はパソコンを教えるのではなく、生徒さんといかに仲良しになるか。もっと大事なのは、生徒さん同士の絆《きずな》。お友達づくり」と大前さん。

なるほど！　と唸りました。わたし（栢野）の福岡市天神にある事務所横のパソコン教室はOLやビジネスマンばかり。家賃も高く、交流スペースも作る気もない。生徒もスキルを身につけたらさっさと辞めていきます。

ところが「ホエール」では10年以上のリピーターや主《ぬし》もワンサカ。目的はパソコン習得ではなく、ここのインストラクターや生徒仲間との触れ合い。シニアの独居老人も多いんですね。田舎ですから。

ここに来れば自分の居場所がある。仲間がいる。マズローの欲求段階にある、所属欲求と認知欲求が満たされるんですね。人はだれでも独りはつらい。猿の時代から、集団生活と仲間や家族が動物の本能。エサや身を守る安全は生きるために必須ですが、最低限の衣食住が満たされたら、次はもっと高次の精神的な快楽欲求を満たしたい。

それは自分が属する集団組織、つまり家庭や学校や会社や趣味サークル友人・知人との交流。さらにその場で認められたい。無視のけ者やイジメで嫌われると最悪自殺しますよね。刑事罰で一番つらいのは独房らしいですから。

日本は少子高齢化や晩婚・非婚でお1人様が急増。お客の孤独を癒やす「場の提供と友達づくり」「認めること」は隠れた商品サービスです。

客層戦略3大原則

原則その① 弱者は、大手が本気にしない客層に絞る

原則その② あなたの顔と性格に合う客層がある

原則その③ 法人向けでは、中小企業の社長が狙い目

儲けのルール
5

成功するお客探し
弱者の営業戦略

どの営業方法があなたにピッタリか？

ひと口に営業といっても、業界や商品によって全然違います。学校を卒業して1社しか経験がない場合は意外に気づきませんが、異業種に転職してみるとわかりますね。

わたしは最初に建材メーカーで営業をしました。お客は工務店や左官屋で、スタイルは決まった法人客に定期的に顔を出す「ルートセールス」でした。

2社目は住宅会社。一般家庭に一戸建てを売る「スポット型」飛び込み新規開拓セールスを短期間ですが経験しました。

3社目は企業調査会社で、法人向けに会社年鑑や調査チケットを売る営業でしたが、これは「スポット型＋ルートセールス」でした。

建材メーカーと企業調査会社は自分に合っていましたね。とくに企業調査会社では営業実績で社内一になりました。

ところが、家庭向け新規開拓営業は散々でした。まったくダメ。

わたしには法人向け営業のほうが向いていたんです。

一般に営業を大きく分けると、会社や商店を相手にする「法人営業」と一般個人を相手にする「個人営業」に分かれます。さらにそれぞれは「新規開拓」と「継続取引＝ルートセールス」に分かれ、かつ、こちらから相手に出向いて行く「訪問営業」とお客のほうから来てもらう「店頭販売」、広告やインターネットなどによる「通信販売」などに分類されます。

ポイント

営業方法は、
法人向けか個人向け
新規開拓かルート
訪問型か店頭か通販
に分類できる。あなたにはどのスタイルが合っているだろうか？

営業スタイル百花繚乱

それでは、それぞれの営業スタイルと営業ルートの具体例を見ていくことにしましょう。

●法人向け営業

①商社・問屋に卸す↓小売店↓個人・会社（加工食品・雑貨・一般消費財メーカー）
②小売店に販売↓個人消費者（家電・食品・アパレルなどの一般消費財メーカー）
③会社・商店に訪問販売（事務機・印刷・広告・人材派遣・ダスキン・保険）
④会社・商店に通信販売（アスクル・ミスミ・コンピュータソフト）

●個人向け営業

⑤一般家庭・個人へ新規訪問販売（車・住宅・リフォーム・保険・教育図書）
⑥一般家庭・個人へ新規＋継続販売（新聞・牛乳・ダスキン・配置薬・宅配型外食産業）

●店頭販売

⑦飲食店（和洋中各種外食チェーン・ホカ弁・単独の飲食店・露店・車での移動販売）

⑧小売り・サービス店（スーパー・コンビニ・各種専門店・クリーニング・ＤＰＥ）

●通信販売

⑨新聞・ＴＶ・ラジオ・雑誌などのマス広告

⑩チラシ・タウン誌・ＤＭなどの紙媒体

⑪ＦＡＸ・電話・インターネットなどの電子媒体

●展示場・イベント・セミナー販売

⑫車・住宅・着物・塾・研修コンサルティング会社

●組織販売（ネットワークビジネス）

⑬化粧品・健康食品・なべ・下着

以上のように分類していくことができます。

さらに営業ルートは一つだけと限定せずに、複数を組み合わせることによって、販売機会を増やすことができます。

たとえば、住宅会社や自動車ディーラーが⑨や⑩のチラシを打って⑤の訪問販売をしたり、コンサルティング会社が⑩のDMでセミナーに集客し、その後訪問販売するなど、アイデア次第で競争相手との差別化も可能なのです。

ポイント
自分に最適な営業スタイルを考え、新しい営業スタイルの組み合わせを創造しよう。

営業戦略成功例① 完全歩合給の営業マンの場合

15枚ハガキで年収2000万円

外資やカタカナ生保の営業マンは、固定給なしの完全歩合自営業。山幡さんはその厳しい業界で2000万円以上の収入を10年以上継続。

「その秘訣はハガキです。面会後のお礼ハガキは普通。ところが、その後の定期ハガキ、継続してハガキを出す営業マンはほとんどいません。この定期ハガキを年間３回５年間継続。同じ人に僕から売りを押さえたハガキが15枚になる頃には、かなりの確率でお客様になっていただけます。

「ただし、闇雲《やみくも》に出しても効果はありません。商品・地域・客層を絞ることが大事。僕の場合、名古屋の中小企業経営者に経営者保険。最初は中小企業の経営者が集まるセミナーや会で名刺交換。その後にハガキを出し続ける。文章は『もう夏ですね』程度の1行で十分。ただし、手書きです。宛名も。裏は猫とか花とか女性向けのポストカード。社長の奥さんにウケるように。これを継続していくと、どこかで会ったときに『いつもハガキありがとう』と言われます。たまに『いい加減に営業来てよ』とも。売りを出さない手書きハガキは信頼関係を築くんです。

ただし、ハガキを出すだけでは受注できません。アナログ営業とクロージングが必須。高額な保険の場合は。具体的には、ある程度の回数ハガキを出したら、電話でアポとって営業です。僕も昔は名刺交換したらすぐ営業してました。ことごとく断られました。あたりまえですね。信頼関係ゼロですから。昔も今も新人営業マンはみんなこうですね。

ところが、定期ハガキを手書きで出すと信頼が少しずつ蓄積され、電話アポも取りやすい。こんなあたりまえのことに10年たって気づきました。ほかの業界でも同じですね。商品に差がないとか、内容が良くわからない商品の場合、買うんなら信用信頼、知ってる人から買う。昔からの友人知人だから買うというのも同じ。同じＰＴＡや趣味サークルや同窓だから買うというのも信頼関係。もちろん、この小手先的な信頼関係だけでは売れませんが、意図して構築することは可能ですね」

メーカーが陥りがちな難しい営業ルートとは？

メーカーの営業ルートについて見てみましょう。

メーカーが一気に売り上げを伸ばすには、全国に支店や営業所網を持っている商社や大きな問屋と取り引きすることだと言われます。商社や大きな問屋は全国またはブロック圏内全域に販売店ルートを持っているため、小さな会社でも商品を広い地域に流せると考えます。

しかし、大きな商社や問屋には、すでに古くから取り引きしているメーカーが何社もあり、常に新規のメーカーも売り込みにきています。

そこへ独立したばかりの小さな会社が売り込みに行っても、よほど差別化した商品でない限り口座は開けません。

万が一、商社と取り引きができるようになっても、販売店にはほかのメーカーの商品を扱う商社が何社も売り込みにきていますから、ここでも競争が発生します。さらに、販売店・小売店が扱ってくれても、今度は店頭でいかに他社の商品よりもアピールするかという店頭段階での競争が発生します。

結局、商社・問屋→販売店・小売店→エンドユーザーという営業ルートでは、三つの段階で間接的な競争が発生し、小さな会社は営業にそうとう苦労することになります。

実際問題、「商品の良さが伝われば売れる」と思っているのは自分だけで、商社の営業マンも販売店の店員も、数ある似たような商品の特徴をすべて把握するのは不可能です。きれいなカタログやパンフレットを作っても、そんなものは毎日、同業各社から送られていますから、商社や問屋、販売店の現場を動かすのは至難の業です。

しかも、いくつもの販売段階を経るために代金回収が遅くなり、流通段階での滞留在庫も増えるため、そうとうな資金力が必要です。

ポイント メーカーに限らず、間接販売は難しい。できるだけエンドユーザーに近づこう。

商社、問屋をすっ飛ばしてもうまくいく方法

商社や問屋を飛ばし、小売店へ直接卸して販売する方法もあります。

その場合、商社・問屋経由よりも販売店・小売店への商品の説明やプッシュがしやすくなり、販売店や小売店が扱ってくれる比率は高くなります。

しかし、これも同業他社に比べて商品力がなければ、後発の類似品はたたかれてバーゲン品扱いされかねません。かつ、新規独立者や中小企業の場合、自ら回れる販売店・小売店の範囲が限られるため、「エリア戦略」の章で説明したとおり、営業エリアを絞る必要があります。

近年は全国チェーンのスーパーはもとより、専門店やコンビニエンスストアなどのチェ

ーン店化が急速に増えています。こういった小売りのチェーン店は本部の決済を得なければならず、新参者の中小企業が新たな口座を開くのは大変難しくなっています。

ですから、狙い目は地方の小さなチェーン本部や、自分の商品に合う単独小売店。これらをこまめに回ることです。こういう小売店には大手が比較的売り込みにきていませんから、オーナーに熱心に売り込めば、扱ってくれる割合が高くなります。

ポイント！ 小売店直売の狙い目は地方の小さなチェーン本部や単独小売店。大きなチェーン本部は難しい。

営業戦略成功例② 販促コンサルタントの場合

成功のヒントは自分で考えないこと

販促コンサルタントの岡本達彦さんは『「Ａ４」１枚アンケートで利益を５倍にする方法』というロングセラー著者であり、セミナー講師コンサルとしても売れっ子。わたし（栢野）は何度も岡本さんのセミナーに参加し、講師に招いて主催も。そして、４時間セミナーで岡本さんが放ったアドリブ言葉に唸りました。

「売り上げを上げたいなら、自分で考えないこと！」

「?? !!」

なるほど！　このフレーズだけではなにがなんだかわかりませんね。「運に任せる」や「考えるな。感じるんだ！」でもない。ドラッカーやMBA理論と同じなんですが、岡本さんの「たった一つの質問」がはるかにわかりやすい。

それは、既存客に「（ほかにも多数の会社があるのに）なにが決め手でうちで買ったんですか？」ときくこと。その顧客が放った本音の答えを、チラシやサイトの販促コピーやトークに使うんですね。

どんな業界にも多数の同業ライバルがいます。売るほうも必死ですが、顧客も命の次に大事なお金をムダに使いたくない。だまされたくない、損したくない。自分にとって一番得する会社や店や商品はなにか？　つまり、自社自店の強みは、自分よりも顧客が知っているんですね。

迷ったらお客さんにきいてみましょう。「なぜうちで買ったんですか？　決め手は何ですか？」と。わたしも、この質問をセミナー参加者に問いかけました。

翌日、某リフォーム会社の社長が、年に何回も注文をくれる70代のお婆ちゃんにきいたそうです。うちは特別に腕がいいワケでもないし、激安でもない。無名だし、とくに決め手はない。すると「あんたは近いから、悪いことはできんやろ」。リフォームは悪徳の売り逃げも多い。が、同じ町内なら悪さできんやろというのがお客さんの本音だったんですね。さっそく、チラシのキャッチフレーズが決まりました。「近いから悪いことはできない豊岡リフォーム」。売りたいなら自分で考えず、顧客にきいてみましょう。

独自の販売代理店・FC組織を作ってみるのも悪くない

既存の販売ルートに食い込むのが難しい場合、自社の販売代理店やＦＣを募る方法もあります。いまの世の中はあらゆる業界でいままでの主力商品が陳腐化し、新たな商材やビジネスを探している会社が多数あります。また、脱サラを考える場合でも、自分に特別な商品や技術がなく、ＦＣ加盟を考える人も増えています。

自社で固定費のかかる営業マンを抱えるのに比べ、こういう販売代理店やＦＣは完全歩合で動いてくれますから、うまくやれば一気に自社の営業ルートを広げることも可能です。ただ、このルートを成功させるためには、商品やサービスに独自性が必要です。かつ、代理店がスムーズに売れるような販売マニュアルや、定期的にフォローする人材・仕組み作りも不可欠です。そのためには、自社で直販を数年は行ない、ノウハウや体制を整えるのが先になります。

ポイント
既存ルートが難しければ、独自に販売代理店やFCを組織化してもいい。とにかく、エンドユーザーに近づこう。

営業戦略成功例③ 教材販売の場合

代理店＋勉強会で怪しい戦略教材を拡販

栢野です。ランチェスター経営のメイン事業は、中小企業の経営戦略CD・DVDを製作・販売。当初は竹田陽一自らの電話営業や面会のアナログ営業でしたが、社員や代理店はほぼ売れない。CDやDVDは中身が見えませんからね。ならば教材を実際に見ながらの勉強会にトライ。参加費は2時間3000円と敷居を低くし、数回通って教材の一部を視聴後、気に入ったら教材全部の購入を提案する。通販のお試しサンプルから正規商品購入の流れと同じですね。この勉強会は全国約２５０社の販売代理店でも行なわれ、大きな成果を上げています。

コンサルタント業務は職人芸で、だれもができるわけではないですが、教材を使った勉強会なら素人でも開催できます。登録代理店で多いのは本業に結び付く税理士やコンサルタントですが、いわばビデオ鑑賞会の司会進行役なので、普通のサラリーマンや主婦もインストラクターとして活躍。上から目線の指導やアドバイスでなく、参加者の話にうなずいて傾聴するのがコツ。あとは一定の割合で自然と教材は売れていくそうです。

前述のパソコンスクール「ホエール」は、年会費数万円で教室運営のマニュアルと定期勉強会を開催。約３００校の提携先へのテキスト販売が主目的です。

愛知本社で日本一の車検ＦＣチェーン「コバック」は、ランチェスター経営の正規代理店ですが、創業時にマクドナルド出身のＦＣコンサルにマニュアル作成を委託。加盟店のバイトでも作業できるようにノウハウ化したため、今や加盟店は国内外５００店に迫る勢いです。

営業戦略成功例④　独立営業マンの場合

無料のYouTube投稿で人生逆転！

1部上場の「スター精密」で営業マンだった鈴木さんは、1人で年間3億から5億円を売り上げていました。ところが独立後、1年たっても収入はほぼゼロ。気づいたら貯金もなくなり、妻の保険も解約。さらに庭の草を食うほどの生活に追い込まれました。

なぜ売れない？　そりゃ何千万もする工作機械の自動旋盤を、ワケわからん個人ブローカーから買う顧客はいませんね。以前は会社の看板で売れていただけ。鈴木さんは追い込まれた末、はやりのネット販売も検討するものの、なんか怪しい業者ばっかり。

本を読んでまともそうなホームページ屋さんが近くにいましたが、その「アームズ・エディション」の菅谷さんも、「この鈴木さんはどう見てもお金がない。最初は借金させて100万で強引受注も考えた」ようですが、落ち込んだ鈴木夫妻を前に、ある秘策を無料で伝授。「結果が出て儲かったら成功報酬でホームページを制作してください」と提案。

まず毎日3回のYouTube投稿。ヘタでいいからスマホで1分しゃべり、見出しにあらゆるキーワードを入れ、備考欄に自己紹介と携帯とブログをリンクして投稿。これを1年で1000回必達！

YouTube はグーグルが買収したので、検索で一番上に出やすい。いまはみんな動画を見る。でも投稿はほぼしない。恥ずかしいから。だからチャンス！　さらに、反応あってあいさつ訪問したら、その日にすぐお礼ハガキ！

次は訪問後のフォローで簡単なニュースレターを年に3回。このネット YouTube とブログ、アナログ訪問に紙媒体でフォロー。

「とにかくやってください！　その後も成果が出るまで無料で指導します！　そして最後、本気でやるなら、明日から朝4時起床でやってください！　僕と一緒に！」

「あれでスイッチ入りました」と、鈴木夫妻と指導した菅谷さん。以上の話をわたし（栢野）が主催した3時間の勉強会でできました。

売り上げは2年目に1億を超え、6年目の現在は3億円に。売る商品も新品ではなく、大手エリートが嫌がる中古や修理メンテナンスにシフト。売り方とメイン商品を変え、大きな成果を出しました。が、一番は奥さんの支援です。「自動旋盤 どこかの県名」で検索を。その涙ぐましいヘタな動画に大笑いです（失礼）。

エンドユーザーへ直販する

問屋や小売店を飛ばし、エンドユーザーへ直接販売する方法を例を挙げて考えてみましょう。

たとえば、化粧品業界で言えば「資生堂」や「カネボウ」などのメーカーは販売会社を通じて全国の小売店へ卸していますが、後発である「ポーラ」や「ノエビア」などは販売員を介してエンドユーザーへ直販しています。

下着でワコールなどの大手メーカーは小売店での販売ですが、「シャルレ」や矯正下着のメーカーなどはみな通信販売、販売員を介した販売、または独自のメーカー直営店舗での販売など、消費者へ直販しています。

文具・事務機業界では「コクヨ」や「オカムラ」などが卸・小売店販売なのに対し、後発の「プラス」は通信販売の子会社である「アスクル」を通じてエンドユーザーへ直販し、競争を生き抜いています。

食材関係で言えば、昔からある大手スーパーの店頭販売に対して、後発の「タイヘイ」や「ヨシケイ」などは家庭へ直接宅配しています。

問屋や小売店は思った以上にメーカーや親会社との系列化が進んでいて、新しい商品を仕入れる権限がない場合があります。しかし、エンドユーザーはどこから買おうと自由です。

このように、既存の卸〜小売店ルートを大手や先発同業他社に押さえられている場合は、エンドユーザー直販が有利です。というより、卸や小売店に販売を依存していると、切られた場合が大変です。かつ、そういう間接販売はエンドユーザーと話す機会も少ないですから、商品やサービスの改善もおろそかになります。これは下請けの場合も同じです。

以上、主にメーカーの例を中心にさまざまな営業ルートを紹介しましたが、サービス業や販売代理店で独立する場合、よほど商品力がない限りはエンドユーザーに直販するのが一番有利であることは間違いありません。

ランチェスター法則のとおり、問屋や小売店を間に通す間接戦は、強い競争相手との力関係が2乗比になるので、弱い力がより弱くなります。

ですから弱者はエンドユーザーにできる限り近づいて、接近戦、一騎打ち戦を目指すことが大事ですね。

ポイント
なにはともあれエンドユーザーにできるだけ近づき、接近戦を目指そう。

新規開拓ではノイローゼになる人が続出

経験者はわかるでしょうが、エンドユーザー直販の新規開拓は非常に難しいものです。

法人営業だと会社やビルに飛び込み、個人営業では一般家庭に飛び込むことになりますが、普通はバンバン断られますね。１日１００件飛び込めたとしても、まともに話ができるのは1件くらいでしょう。

「こんにちは。○○産業と申します。コピー機はいかがでしょうか？」とカタログと名刺を差し出しても、

「うるさい！」「帰れ！」「間に合ってる！」「忙しい！」などなど……。

毎年、春になると、新入社員が研修の意味もかねてこの飛び込み営業をやらされますね。

これらの厳しい断り文句を立て続けに受けると、ノイローゼになる人もしばしば出ます。「おれは嫌われた」「どうも営業には向いていない」「人格が傷付いた」と多くの人が嘆き、なかには「戸籍にまで傷が付いた」という人もいます。

とくに、学歴がいい人ほどプライドが高いため、ダメですね。「おれは国立大学まで出ているのに、なんでこんなにバカにされるんだ。やってられん」なんてね。

ですが、経営の基本は稼いでなんぼ、売ってなんぼですから、営業とくに新規開拓ができないと、会社自体が成り立ちません。サラリーマンの場合、文系の場合は大半が営業に配属されます。

世の中、実力主義の時代になっていますから、無学歴や三流大学出身の人にとってはチャンスです。わたしも含め、そういう人たちはもともとプライドもないから、意外に断られても平気。新規開拓でトップクラスの人はみな学歴がないですね。

しかし、そうは言っても新規開拓は難しいものです。

会社の幹部も、「いまどきの若者は忍耐力がない」とか「売れないのは根性が足りないからだ」と、地獄のスパルタ特訓などに毎年、多くの社員を送り込んだりします。

でも、いきなり飛び込んで「○○を買ってください」という営業では、だれがやっても

100％断られます。屈強な、体育会系の人でもそうですよ。ベテランでもそう。断られるのには、ちゃんとした理由があるのです。

ポイント
法人相手でも個人相手でも新規客開拓営業は難しい。だが、営業は売ってなんぼ、稼いでなんぼなので、逃げることはできないのだ。

なぜ新規開拓は断られるのか？

知らない会社や一般家庭に営業で飛び込んだとします。すると、初対面の人はみんな顔が引きつり、非常に警戒心を持ちます。

営業でなくても、初めての人と会ったり話したりするのは、みな、緊張します。それはなぜか。

以前、北京原人の化石が発見されたとき、学者が骨を分析していてある仮説が発表されました。つまり、昔は、人が人を殺して食っていた可能性があると。化石を顕微鏡で詳しく調べたら、骨を削り取って食べていたような痕跡《こんせき》があったそうなんです。

こういう理由で、もともと人間の遺伝子には、見知らぬ人に対する恐怖感があるんです。

だから、知らない人が目の前に迫ると、だれでも警戒心が働くんです。なかでも防衛力が一番弱いのが子ども。１歳くらいで人見知りするでしょ。

人見知りというのは遺伝子が伝わって防衛しているんです。

飛行機や新幹線に乗って、近くの子どもが自分と顔を合わせてギャーと泣いたら、その人は家庭向けの営業には向かない人ですね。

子どもの次に警戒心が強いのが女性。男性に比べると体力が弱いですから、自己防衛本能が発達しています。だから、女性にモテない人や人気のない人は、家庭向けや女性向けの営業や販売はあきらめたほうが身のためです。

ポイント

人は見知らぬ人に対して警戒心を働かせるもの。だから、初対面で断られるのはあたりまえ。

お客はあなたを傷付けるつもりはない

子どもや女性の防衛本能が強いのは前述のとおりなのですが、もちろん男性でも初対面の人を前にすると、警戒心でアドレナリンが出て血圧が上がります。血圧が上がるとストレスとなり、不快感を感じます。

一方、売り込みに行ったあなたの顔はどうでしょうか？　おそらく、あなたも見知らぬ会社や家に飛び込み、知らない人に会うと無意識のうちに緊張して警戒心を抱きます。そうなると顔からは笑顔が消え、相手をにらみつけるような目つきになっているはずです。

また、金額によりますが、ものを買うときには緊張します。

たとえば書店に行って1500円くらいの本だったら3冊、4冊と買うけれど、5000円以上になると、買うか買うまいかと3回くらい行ったり来たり。どうしようかなとプレッシャーがかかりませんか。

商品を買う警戒心。

これは本能なんですね。

見ず知らずの人に会って、いきなりカタログを出されて買えと言われたら、１００％断りますね。だれでもそうなのです。

以上の理由で、通常の新規開拓は１００％断られますが、それは相手があなたの人格を傷付けようとか、いじめてやろうとか思っているのではないのです。動物的な警戒心やお金を失いたくないという本能のほか、ほんとうにニーズがない、たまたま忙しいなどの理由で断っているだけなのです。

ポイント **初対面で断られるのはあたりまえ。だけど、それはあなたが悪いわけではない。**

断られにくい「再度訪問式」の営業

人は他人から「おまえはバカだ」と言われると頭にきますが、自分で「おれってバカだよなあ」と言ってもなんともないですね。これと同じく、訪問営業のときも相手から断られる前に、自分から先に断ってしまえば、つらくもなんともありません。

具体的には「今日は営業ではありません。社長さんにあいさつだけさせてください。すぐに帰ります」と言って、受付の女性に頼みます。こう言うと、普通は追い返そうと思っていますから相手も拍子抜けし、意外に取り次いでくれます。

もし、社長が出てきたときも「お忙しいところをすみません。○○と申しますが、今日は営業はいっさいしません。あいさつだけですぐに帰ります」と、自分で自分の営業を断ってしまえばいいのです。すると、相手は警戒心を解いて安心します。

そして売り込みはいっさいせず、相手の情報収集だけに徹しましょう。事業内容、主力商品、販売先などなど。時間がありそうなら、その社長の独立物語をきくのもいいですね。人は売り込まれるのはイヤですけど、自分のことや商品のことをきかれるのはうれしいものなのです。

こうして5分~10分もすると相手の情報がつかめますから、自分から席を立ちます。そして、帰る間際に自分が売っている商品のことをぼそっときくんです。

「○○はどこで買ってますか?」と。

すると、相手はこちらが帰るということでホッとしてますから、意外に「ああ、それなら A社で買ってるよ」とか「最近は買ってないね」とか、本音を言ってくれるのです。これを刑事コロンボ型のヒアリングと言います。

このあと、収集した情報に基づいて見込みがありそうなら再度訪問し、なければ見切ってしまえばいいのです。

見込みがありそうなお客にしても、２回目の面会では相手も警戒心が薄れてますから、より突っ込んだ話ができ、場合によってはこちらの商品の説明をしてもいいでしょう。

勘のいい人ならだれでもやっているでしょうが、新規開拓営業が初めての人やルートセールスしか経験のない人の場合は、この最初の訪問では売り心をいっさい出さずに相手の情報収集に徹するということに気づいていないのです。

わたしがこの「再度訪問式営業」を知ったのは、アメリカの生命保険で有数の営業成績を上げたフランク・ベドガーの『私はどうして販売外交に成功したか』（ダイヤモンド社刊）を読んだときでした。これで飛び込み営業がこわくなくなり、企業調査会社時代、飛び込み営業なんてバカだと同僚や先輩から笑われましたが、このやり方で日本一になりました。

ポイント

最初の面会時には売りたい気持ちをぐっと押さえて情報収集に徹しよう。そこで見込みがなさそうなら、二度と訪問しなくていい。見込みがありそうなら、再度訪問してみよう。

営業は質より量＝面会件数が決め手

もちろん、わたしが実際にやったのは「再度訪問式」だけではありません。企業調査会社に入社して3年で九州一になったのですが、その次には日本一、そして他人の10倍を売り上げる方法はないかと、目標を大きく掲げました。

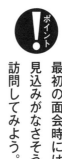

その頃にランチェスター法則の話を初めてきき、攻撃力＝量の2乗×質でピンときました。これはつまり、営業力＝面会件数の2乗×質。これを微分すると、営業力は面会件数が7割で質は3割だということがわかったのです。

事実、当時の各業界のナンバーワンセールスマンに実際に会い、営業方法をヒアリングしてみたところ、例外なく「面会件数」が圧倒的に多かったのです。

よく、営業力はコンサルティング力だとか、質を磨かなければいけないと言われますが、それは「面会件数」＝量が先にあっての話なのです。量が上がると、その後に質も上がるのです。

これはスポーツの世界を見れば明らかです。長島も王も松井もイチローもマラソンの高橋もスケートの清水も、すべて例外なく人並み以上に量＝練習をこなしています。ダメな人ほど、技に走って練習しないですね。

そこで、わたしは面会件数を上げるにはどうすればいいかと考え、エリア戦略で限定したエリア内に訪問先を絞り、自転車を買ってこまめに訪問し、訪問件数を３倍に上げたのです。言い方を換えれば、お客に対する接触頻度をライバルの３倍から５倍に増やして、日本一になったのです。

ポイント まずは量。とにかくお客に接する頻度を上げるための工夫をこらそう。

訪問型以外の「金をかけずに見込み客を集める」方法

以上は訪問式営業の場合の新規開拓の基本でしたが、一般に見込み客を探す方法としては次のようなものがあります。

①友人知人のなかから
②異業種交流会・セミナー・経営者団体への参加
③チラシ・会社案内を持ってあいさつ・ポスティング
④インターネット
⑤マスコミ取材・記事に売り込む
⑥FAX・DM
⑦郵送DM
⑧タウン誌・新聞への広告

⑨ＴＶ・全国雑誌・ラジオへの広告
⑩イベント・セミナーの開催
⑪展示会への出展

では、それぞれの方法の注意点を具体例を挙げて見ていくことにしましょう。

〈人脈を活かす〉

前の項でも説明したとおり、人は初めて会った他人には警戒心を持ちますが、すでに面識がある知人や友人に会うのは抵抗がありません。業種や商品によっては対象外もあるでしょうが、独立当初で既存客がいない場合、まずは友人知人にあいさつすることで、お客を増やしていくことはできます。

ただし、いくら知り合いとは言っても、いきなり営業するのは禁物です。マルチ商法にありがちな押し売り営業をすると、せっかくの関係が壊れてしまいます。

ですから、友人知人には直接売り込むのではなく、「今度、○○で独立しました。お知り合いの方で○○に興味のある方がおられたら、ぜひ、よろしくお願いします！」というあいさつ状を出し、さりげないＰＲをしておくのです。

自分が消費者・発注者として考えてみてください。普段の消費活動をする場合、その8割はいままで行ったことのある店、知っている店のはずです。

また、すでに独立している場合でモノやサービスを購入する場合も、発注するのはいままでの取引先がほとんどのはずです。

つまり、自分が新規開拓で営業するのも大変ですが、実はお客も新しい店や購入先、仕入れ先を開拓するのは意外に勇気がいるものです。

商品の価格や品質に差がなければ、人は以前からの取引先、または以前から知っている人から買う確率が高いのです。

わたしが独立した初年度は約2300万円、2年目は約3000万円、3年目は約3500万円の講演・研修・コンサルタント収入がありましたが、このほとんどは前職時代に名刺交換した人たちとその紹介者からのものです。ただし、独立当初のあいさつ状だけでなく、「独立3カ月目、6カ月目、9カ月目の定期メール」で相手に忘れられない行動はしましたが。

異業種交流会や中小企業家同友会などへの参加も時間があればやるべきです。こういう場では勉強会や懇親会を通じて自然と新規の人脈ができます。いきなりの営業活動は嫌われますが、何度か会ってお互いの人となりが理解されると、「どうせ買うなら、あなたから買うか」ということがよくあります。

友人知人とその紹介は、典型的なランチェスターの接近戦です。しがらみや業種柄、問題がある場合は別ですが、そうでなければ積極的にコンタクトすべきです。

〈チラシを近隣にポスティングする〉

店舗を独立して始める場合、ベストは繁華街や人通りの多い立地ですが、普通は資金的にも一等地での開店は非常に難しいでしょう。

その場合、店の存在を知ってもらうために、地域への告知活動が欠かせません。派手な広告を打つ予算がなかったとしても、黙っていてはお客は来てはくれません。そこで、もっとも手っ取り早い方法は、地域限定のチラシをまくことです。

その場合、できれば新聞折り込みではなく、ポスティングをおすすめします。新聞折り込みは曜日によってはチラシがどっさり重なり、目立ちません。また、地域によっては新聞をとっている世帯が50％もなく、地域内での告知率が十分ではありません。

自分で作って自分で１軒１軒ポスティングをするのが一番いい方法です。地味な作業ではありますが、コストもかからず、やれば確実に効果があるのです。

営業戦略成功例⑤ 高齢者向けサービスの場合

母子家庭の親子営業で成功

以下は知人の「日本訪問マッサージ協会」藤井さんのメルマガより。非常に感銘したのでフェイスブックで紹介したら大反響でした。こちらにも転載します。

日本訪問マッサージ協会の藤井です。先日、中高齢者（70代前後）の方を対象にした家事代行サービスの会社を経営している社長さんとお会いする機会がありました。同じような中高齢者（70代前後）を相手にビジネスをしている社長さんなので色々と突っ込んで質問してみました。

……………………………………………………………………

【他社との違いは？】

Q：（藤井）家事代行サービスって他にも沢山あると思うのですが、他社さんとは何が違うのですか？

A：弊社のスタッフは全員がシングルマザーで、幼い子供を連れて、お掃除に伺います。正直、掃除のクオリティは他社さんに比べて低いと思います。掃除の研修なども一切行っていませんし、家庭の主婦が出来るレベルの技術しかありません。ただ、お客さんには最初にその辺りはお伝えしているにも関わらず選ばれるのは、子供の存在が大きいと思います。

中高齢者（70代前後）の方にとっては、ひ孫のような世代にあたる子供と定期的に会えるというのが他社さんにはない当社の売りになっています。お掃除と言うより、お話し相手として受け入れられていると思ってます。

【新規集客の手法は？】

Q：（藤井）新規集客は色々とやっていると思いますが、何が一番効果的ですか？

A：はい、色々と集客法はやってきましたが当社の勝ちパターンは、〝チラシのピンポン手渡し〟です。東京都内の戸建ての家を中心に、1軒1軒廻って、ピンポンを押して出てきたお客さんに直接手渡しでチラシを渡すんです。この手法だと、50枚で1件は成約します。今まで新聞折込やポスティングなどもやってきましたが、だいたい1万枚まいて1件の成約があるかどうかという数字でしたので、50枚で1件となると反応率は200倍になります。チラシを手渡しするのもシングルマザーが子供を抱っこしながらピンポンするので、玄関を開けてくれる確率もアップします。今まで、ネット関連の広告やオフラインの新聞折込など様々な集客手法を試しましたがそれらを全て止めて、今は〝チラシのピンポン手渡し〟のみです。

【どれくらいリピートするの？】

Q：（藤井）どれくらいリピートするのですか？

A：基本的にずーっとリピートします。当社の場合は、お客様がお亡くなりになるまで継続されるケースが多いです。どちらかというと掃除よりは、お子さんと会えるという点にメリットを感じて継続される方が多いです。一度、信頼関係ができてしまえばもう、家族のような付き合いになるので、途中でやめるって方はほとんどいません。

【バックエンドは？】

Q：（藤井）中高齢者（70代前後）の方と定期的にお会いしていると、お掃除以外でも様々な悩みや相談などを受けると思いますが、それに対応するサービスは用意していますか？

A：中高齢者（70代前後）の方ならではの相談をされることが多いです。例えば最近では、相続や葬儀や老人ホームの紹介などの相談が多いです。当社では、各分野で提携している業者さんがいるので、相続の相談をされた場合は、提携の司法書士さんに案件を回しますし、葬儀の相談をされたら、提携の葬儀屋さんに案件を回すと言った形で運営しています。

………………………………………………………………

栢野です。すごいですねえ。日本は世界一の少子高齢化社会ですが、シニア向けのビジネスノウハウはまだそんなに広まっていませんね。しかし、日々お年寄りに触れる介護業界の方などは、ここに書いてあることは大いに納得するでしょう。以前に紹介したパソコン「ホエール」も同じ。

表向きはパソコンのスキルを教えていますが、実は教室でのインストラクターや生徒さん同士の会話、仲間と触れ合うのが一番の楽しみなんですね。そこに行けば自分の居場所がある。友達がいる。そのさりげないセッティングと場作りが大事な商品なんですね。

営業戦略成功例⑥ 飲食店の場合

チラシを手渡し、あいさつすれば、もっと効果的

チラシ作戦で大成功しているのは博多駅近くの無国籍料理の居酒屋「地球屋」。ここは毎月手作りのチラシを近隣約1000社の会社に手渡ししています。ポスティングではなく「手渡しであいさつ」というところがポイントです。訪問した会社の受付に行き「毎度、地球屋です！　よろしく！」とひと言、声をかけて配っているのです。毎週火曜と木曜日に約100軒ずつ×4週間で1カ月に約1

〇〇〇軒。外回りの営業会社も脱帽の、お客への接近戦です。

この「手渡しあいさつ」の実行をすすめたのは、ランチェスター経営の勉強会で一緒だった繁盛店・慶州鍋で有名な「いずみ田」の泉田代表。泉田代表は脱サラ前からランチェスター戦略を勉強しており、現在は8店舗（グループ）を経営しています。創業20年以上になりますが、いままで一度も前年割れしていません。

同じく、ホワイトデーを考案し、和洋菓子では九州有数の「石村萬盛堂」。郊外型店舗を約70店出店する地場大手で、この12年間増収増益を続けています。ここも、本来ならなにもしなくても店にお客は来るはずですが、やはり毎月、社員とパートが手分けして、店の周りの約３０００世帯に「ドアコール」しています。ポスティングではなく「ピンポン鳴らしてのあいさつ」です。

〈ネットの営業について〉

竹田陽一も私もアナログ人間なので、この本ではネット戦略や戦術のことは書きません。

しかし、ネットコンサルやネット販売のプロに聞いても、小さな会社の基本戦略は同じ。

●小さな会社がネットで売る商品は大量生産品ではなく、大企業が嫌がる少量生産や手作りオーダーメイド系。なんでも並べるのではなく、専門特化で売る商品も絞る。

●商売が地域密着のアナログ面談や来店の場合、地域も絞る。ホームページやブログの文章にも地域名を何回も入れ、検索されやすくする。

●客層も万人向けでなく、特定客層に絞る。

以上の差別化をふまえ、成功した友人・知人のネット活用を簡単に紹介します。

■聖心美容外科（初代の山川雅之院長時代）が2003年前後、3年連続高額納税者で業界日本一になった理由の一つは、ネット対応が業界でもっとも早かったからです。

「1997年、趣味で作っていたホームページから相談のメールがきて、数回のやりとりで来院。驚いたことに、来院された患者さんは初対面にもかかわらず、すでに強力な信頼関係が確立しており、すぐに手術を受けて帰って行った。この出来事にわたしは衝撃を受けた。これから、インターネットで美容外科運営の仕組みが変わる。開業以来、長年模索していた〈テレビや雑誌に代わるコストのかからない集客の仕組み〉というテーマの答えがついに見つかった。私は興奮が抑えられなかった」と後日、告白しています。

美容外科は「お悩みコンプレックス業界」なので口コミ紹介が少なく、だれにも知られず情報収集でき、ドクターと匿名でメール相談もできるインターネットは最適だったんですね。しかも紙媒体に比べてコストが安い。同業大手がネット体制を整える2005年頃までは独走状態でした。

いまや美容外科はネット上でもっとも競争の激しい業界の一つで、単にホームページや検索広告をたくさん出しても高い反応はありません。ネットの最新戦術は毎月毎週変わります。

山川さんは2004年に聖心美容外科を30億円で売却後、2008年から新たに起業した「ザ・クリニック」で脂肪吸引のボディデザインに特化。2010年からはさらに特化した「メンズのボディデザイン」部門も立ち上げ、商品と客層の絞り込みで大手との差別化を進化させています。

■リフォームの「雨漏り110番」の唐鎌さん、福岡市内の店舗設計「リードクリエーション」の福泉さん、士業コンサル「パワーコンテンツジャパン」の横須賀さんらが各業界でトップクラスになったのも、2005年頃までにホームページやブログ・検索広告などのネット営業をいち早くやったこと。それぞれ10年以上前からの知り合いですが、ネット上でさまざまな販促をやっていることは知りませんでした。アナログ人間には見えないんです。ネットの戦略戦術は。

■久留米の中古車販売「オートワン」の田中さんや名古屋の「オートネットワールド」の河合さんは、山梨のネット広告コンサル藤巻さんの指導で、各地域でもっとも早く検索広告を実施。しかし、最初にお会いした2010年頃は「いや〜、地域を絞ったチラシやハガキフォローーいいですね。ランチェスター最高！」と言っていましたが、やはりネット販促のことは隠していましたね。いまでは同業他社も検索広告を出すようになり、「栢野さん。ネットも激戦です。効果が落ちました。最近は手書きハガキなどのアナログ接近戦に力を入れています」と河合さん。まあ、先行者利益とブルーオーシャンは長くは続きませんね。絶版になっていた竹田陽一の『1枚のはがきで売上げを伸ばす方法』の新装版が2016年に出たのは、みながネットで営業する時代になったいま、逆にアナログ営業での差別化が見直されてきたからです。

■メルマガは数少ないプッシュ媒体ですが、文章を書くアナログ作業は手間暇がかかり、毎月・毎週の継続やメアドをコツコツ集めるのは大変です。知人で有名なメルマガ発行者に「がんばれ社長！」の武沢さん、「平成進化論」の鮒谷さん、「ビジネスブックマラソン」の土井さん、「日本訪問マッサージ協会」の藤井さんなどがいますが、10年以上ほぼ「毎日」、手書き手打ちしています。しかも、わかりやすくレベルも高くて本質的にほかのメルマガと異なります。それぞれ熱心な読者が数万人以上いて、メルマガへの掲載広告や主催セミナー等で数千万円以上の売り上げ（粗利）を上げています。

■ブログでブレイクした知人に硬派スピリチュアル講演家の石田久二さんがいます。本もベストセラーとなり、自転車による日本1周や世界走破にもチャレンジ中です。石田さんは勢いでサラリーマンを辞めて脱サラ。その後の模索や悩みや行動をブログ「宇宙となかよし」に書き、10年経ったいまも「毎日」更新。最近はＬＩＮＥの音声配信も「毎週」継続し、女性中心に約1万人の固定読者を持っています。自宅事務所の個人自営業ですが、このブログだけで年収数千万。出版や講演の依頼も相次いでいます。

■家族で世界1周中の「自由人」さんは、世界の写真を撮りまくってフォトブックや写真レンタルサイト「ピクスタ」等で販売。その告知はノートパソコンの自作ホームページとブログだけで売り上げ2000万円以上。粗利がほとんどで「旅が仕事」とはすごいですね。わたしの目指す姿です（笑）。

■福岡天神の小さな婚活バー「ラブゴリ」は、ホームページはなく、ブログやフェイスブックもほったらかし。休みも不定期で、当日の夕方、ツイッターで「本日オープン！」とか「お休みします」とつぶやくだけ。これだけで毎回満席なんです。オーナーの純古さんがアナログや個別メールで人間関係を作っているからこそですが、「ツイッターで1行つぶやくだけ」で、4時間後には25席が埋まる。まさにSNS＝ソーシャルネットワークサービスの威力ですね。

ただし、以上の会社や個人がネット販促で結果を出しているのは「商品・地域・客層の差別化と絞り込み」ができているからこそ。ネットでも常に「弱者の戦略」を意識してください。

〈マスコミに報道される方法〉

一般の人は意外に知らないですが、実は新聞などの企業記事はその大半が企業側からの「売り込み」によるものです。

大企業には広報部という部署があり、常に会社や商品に関する情報をまとめた「ニュースリリース」を定期的にマスコミ各社に送っています。記者はそのなかからネタを選び、追加取材、またはそのまま勝手にまとめて記事にしているのです。程度の差こそあれ、テレビやラジオも同じようなことをしています。

新聞記事やテレビ報道の場合、その反響は時としてものすごいものになります。

小さな会社も、これを利用しない手はありません。別に大企業が作るような、立派なニュース資料を作る必要はありません。マスコミのツテや人脈も不要です。

あなたが自社や自分や自社商品に関する出来事を読者の目で見て、これは記事になると思うものがあれば、それをワープロ・手書き文章にして各マスコミにＦＡＸすればいいのです。

ＦＡＸ番号は新聞や雑誌に載っています。迷わず送るのです。遠慮はいっさい無用。決して、怒られることはありません。マスコミは日々のネタ探しに困っています。地方新聞であれば、別に画期的な発明や業績を上げていなくても、社会面や地元記事ページに取り上げられる可能性も十分あります。

福岡のカラーコンサルタント「クロシス」の中村社長は「20代の女性で独立した」というだけで、まだなにも実績がないのに地元新聞に取材され、それがきっかけで読売新聞になんと3年間も連載コラムを書くようになりました。

同じく「ホームテック」は「小さなイベントに地域の施設の児童を無料招待した」というだけで、NHKや毎日新聞に取材、報道されました。

日本初の消費者対象「住宅診断」で大成功している、さくら事務所の長島さんは、当初2年は売り上げがほぼゼロ。道の草を天ぷらで食べるほど追い込まれましたが、3年目にテレビ番組で報道されて大ブレイク。その後はPR代行会社と契約して定期的なマスコミ取材を受けています。

いずれも、掲載後は電話が鳴りやまなかったそうです。

とにかくFAXを流してみましょう。文章はめちゃくちゃでもいいのです。

単に「リストラで50代の男が独立」しただけでも、自分のプロフィールや独立の経緯を書いて送れば、いまの時代は立派な事件。「リストラ」「50代」「転職」「失業」「独立」をキーワードにした特集は多いですし、記者にとっても独立したばかりの人を探すのは至難の業ですから。すべてをさらけ出す覚悟があれば、かなりの確率で記事になるでしょう。

ちなみに、「プレスリリース・無料」などとネット検索すると、マスコミ関係者にニュースリリースがメールで送付できるサイトが出ます。

新聞やテレビのマスコミ広告はまともに出すとべらぼうに高いものです。弱者はマスコミに広告を出すのではなく、いかにマスコミの記事になるか。これが弱者のマスコミ戦略です。

〈タウン誌や新聞広告で見込み客を集める方法〉

比較的安い方法で広告を出せるのが、地元で発行されている「無料配布のタウン誌」や新聞の小さな企画広告です。

女性や主婦層をターゲットにした商売なら、この無料タウン誌は狙い目の媒体です。全国的には「リビング新聞」や「ぱど」「ホットペッパー」などが有名ですが、そこそこの町なら地元の無料タウン誌がきっとあるはずです。

新聞や書店売り雑誌よりイメージは落ちますが、一般に無料配布のタウン誌は地元での発行部数が多く、地域限定でのＰＲ媒体としては意外に強い影響力を持っています。

いわば雑多なチラシの集合体で男性や法人対象には向きませんが、消費意欲の高い女性は少しでも得な情報はないかと結構見ているものです。
飲食店や美容関連・住宅・趣味やカルチャースクールなど、お客に女性が多い業種はチャレンジしてみる価値があります。

営業戦略成功例⑦ 病院の場合

マスコミよりミニコミで大成功

福岡初で業界の高額納税日本一になった「聖心美容外科（初代の山川雅之時代）」は創業時、福岡のタウン誌に集中出稿し、同業大手チェーンの福岡店を抜いて、独立5年で九州ナンバーワンになりました。東京の大手ライバルは全国テレビCMと全国発売の書店売り女性雑誌に広告。聖心は地元の女性に近い媒体は地元に根付いたタウン誌だと見抜き、そこに広告を一点集中したのです。

しかも、大手が写真やモデルのイメージ広告中心であるのに対し、聖心は読者の疑問や悩みに応える記事広告にしました。業界ではタブーとされた「美容外科の問題点や限界」を情報として提供し、強引な勧誘をいっさいしないカウンセリングを実施。

商品はボディデザイン（脂肪吸引）に一点集中して、先発の総合美容外科を圧倒しました。さらに業界では、日本でもっとも早い１９９７年にホームページを開設。施術別のサイトを量産し、ネット経由の集客で２００３年頃までに独走状態に。２００４年に医院を30億円で売却し、経済的自由を手にしました。２００７年から「ザ・クリニック」で再び起業。

営業戦略成功例⑧ 語学学校の場合

タウン誌に「再度訪問式」広告を載せて大人気

地元ナンバーワンになった英会話学校「ＦＣＣ 福岡コミュニケーションセンター」も、タウン誌の小枠広告の利用で業績を伸ばしました。やはり、大手チェーン校がタレント起用のイメージ広告なのに対し、ＦＣＣは毎回、生徒の詳細なインタビュー記事広告を掲載。広告で伝え切れない情報は「資料請求」してもらう形で見込み客を集客しました。

最初の広告で売り込まず、資料請求させて見込み客を集める方法は、健康食品や通信教育など、主に通信販売業界では昔から使われている手段です。「まずは無料サンプル・資料を」という広告で興味のある見込み客を集め、サンプルと同時に詳しい資料で説得していく方法ですが、この原理は新規開拓の訪問営業で紹介した「再度訪問式」と同じです。

２００５年以降はホームページに生徒インタビューを掲載。実名、顔写真入りでは地域ナンバーワンで、このお客さまの声が自然な検索対策となり、いまではネット経由の新規客が過半数を占めるようになりました。

無料のもらい屋さんも多くなりますが、見込み客を集めるには有効な一つの手段でしょう。

〈法人営業の見込み客開拓にはＦＡＸがコスト安〉

ランチェスター経営のメイン事業は、本の内容を詳しく説明した経営戦略ＣＤ・ＤＶＤの販売ですが、教材の中身は目に見えません。ましてや、戦略なんてイメージが堅苦しいし、戦術・事例よりもわかりにくい。広告では売りにくいし、資料を送っても理解されにくい商品です。

そこで、まずは中身を実際に見てもらうために、ビデオを使った「経営戦略勉強会」という小グループの勉強会を、1コース4回5000円でやっています。この集客に役立っているのがFAXでのDMです。

さまざまな企業リストをもとに、毎日平均で100件、月に約3000件にA4版のFAXを10枚流していますが、福岡の場合はほぼ毎日、朝、昼、夕方のコースがうまります。

これはうちのコンサルタントたちがインストラクターを務め、その場での教材営業はしていません。でも、入門コースと次のコースあたりまでくると、参加者のほぼ5割が10万円～50万円くらいの商品を買ってくれます。全コースは約150巻あって、全部まとめると200万円になるのですが、これも50人に1人くらいはスパッと買ってくれるのです。

そこそこのセミナーや研修だと5万円や10万円はするし、大手コンサルの顧問契約になるともっと高額になりますね。そして、研修や顧問契約が終わると、勉強したことは翌月には忘れてしまう。その点、CDならいつでもどこでも何回でも繰り返し勉強できるし、結局は安い買い物だということに気づく人がいるんですね。

ちょっとうちの宣伝が長くなってしまいましたが、従業員が30人以下の中小企業向けの場合、かなりの確率でFAXは社長まで届きます。

たまに「こんなもの送るな！」なんてしかられることもありますが、そうなったら謝ってリストから削除すればいい。なにより、FAX1枚10円だから、郵便やハガキよりも安くすみます。

いちいち送るのが面倒だという場合、一斉同報FAXを1件あたり20円程度でやってくれる会社もありますから、利用すると便利です。

うちの場合は、勉強会に5000円で参加しませんか？　というFAXですが、前項で説明した無料で資料・サンプルを送りますといった、2ステップの内容にすれば反応の数はもっと増えるはずです。

〈テレビやラジオCMは強者の戦略〉

小さな会社はテレビCMやラジオCMは出すだけムダ。

お金をドブに捨ててるだけです。

1回15秒くらいではなにも伝わりませんから、売り上げにはつながらない。ええカッコしいや見えで出すのはやめましょう。

テレビ局やラジオ局に対する利用方法があるとしたら、ニュースリリースをFAXで送るか、番組で視聴者プレゼントになるようなモノやサービスの提供を申し出ること。これもまずは趣旨を書いてFAXすればいい。

意外に番組ではプレゼントに困っているから、取り上げてもらえることもあるでしょう。

その場合、できればプレゼント応募者のリストがもらえるよう申し出てみること。堅い局はダメな場合が多いですが、意外にローカル局あたりはリストがもらえることもあります。単なる「もらい屋さん」も多いですが、あと追いでフォローできる立派な見込み客リストです。

うまくプレゼントに採用されたら、それを自社の広告やチラシに「〇〇テレビで紹介されました！」と使えます。エリアに関係のない通販的な商品の場合、ローカルのマスコミだけでなく、東京のキー局のテレビや新聞にもニュースリリースやプレゼントを申し出てみましょう。田舎の特産品なんかは話題性があってうまくいくかもしれません。

とにかく、タダで使えるものはなんでも使え。ダメでもともと。弱者は軽装備で見えを張らず、小さなチャレンジを数多くしましょう。

ただし例外があります。いまや大手のジャパネットたかたは、当初は広告代が安い佐世保のローカルラジオ局で５分のみしゃべっただけ。それでカメラが50台売れ、九州の他局に広げて徐々に全国へ。

福岡初で１００億円を超えた「アサヒ緑健」や「皇潤」も、最初からコストの高い全国放送の民放ではなく、ローコストのローカルケーブル局の通販で実験。ノウハウを蓄積して全国へ広げていきました。

嘆く前に、まずはヤルこと

商店や飲食店の人からも「売り上げが上がらない」という相談を受けることがあります。ですが、よくよく聞いてみると、店を構えて商品は並べているが、いわゆる営業活動はなにもやっていない店が多いのです。単に店を開けて待っているだけです。

「景気が悪い」「立地が良くない」と嘆く前に、月に一度でもチラシを配ってみてはいかがでしょう?

いくら店内が立派でも、知ってもらわねばお客は来ません。それも、できれば折り込みよりもポスティング、ポスティングよりも直接手渡し。この順番で接近戦・一騎打ち戦の度合いが高まりますから、効果は上がっていきます。

とくに、成功例で挙げた「地球屋」「いずみ田」「石村萬盛堂」がやっている「手渡し訪問あいさつ」は強烈です。通常の訪問営業とは違い、飲食店や小売店が「よろしくお願いします!」とあいさつに行くと、嫌われるどころか感心されます。

チラシを渡してあいさつし、3秒でさっと帰ればいいんです。

チラシの内容も大事ですが、そこで悩んでなにもやらないより、ヘタな内容でもいいから配ること。わたしの経験上、99%の店は悩むだけでなにもやってませんから、ヘタでもいいからチラシを作って配るだけでものすごい差別化になるのです。

お金のかかるカラー印刷ではなく、モノクロ1色の手書きかワープロで、安い印刷でもいいのです。チラシはきれいにカラー印刷されているものが多いですから、逆に1色のヘタなチラシは目立ちます。

郊外店などを除くと、飲食店・小売店に来るお客の9割は店周辺から徒歩10分圏内に住まいか勤務地がある人たちです。お客にとっても遠くの有名店よりも近くの普通の店。

日本経済の先行きを気にするヒマがあれば、まずは自分の店や会社がある地域を回ってみましょう。

ポイント

ヘタでもなんでも、やればいい。それだけでもライバルに差がつけられる。

営業戦略3大原則

原則その① どんな業種でも、とにかくエンドユーザーにできるだけ近づこう！

原則その② 訪問式営業の場合は、再度訪問式で営業せよ！

原則その③ 広告も再度訪問式&お金をかけない&エリアを絞った接近戦で！

儲けのルール 6

成功するお客の育て方

弱者の顧客戦略

お客とのコミュニケーション能力を高める

商売、経営をしていれば必ずお客と接することになります。電話を受ける、訪問して名刺を渡す、パンフレットを渡す、注文をもらう、商品を発送する、リピート注文を受ける……。

お客と直接会わない通信販売でも電話やハガキ、FAXや電子メールでやり取りします。どんな商売でも必ずお客と直接コミュニケーションするワケです。

あたりまえのことなのですが、お客との接し方を間違えると、いくら良い商品でも売れません。一度は売れても対応がまずければリピート注文はもらえません。

効果的に経営を進めるには、お客とのコミュニケーションがうまくいく仕組みをきちんと作る必要があります。これを「顧客維持の戦略」と呼びます。

何度でも言いますが、経営には粗利が不可欠で、粗利はお客からお金をもらったときにしか発生しません。つまり、経営とは少しでも多くのお客を作り、お客の数を多くしていくことなのです。

でも、どの業界にも多数の競争相手がいます。注文がほしいと思っても、あなたの会社が競争相手よりも商品力や営業力で劣っていたり、対応やサービスが悪かったりしたら注文はもらえません。

いまの時代は多くの業界が成熟期に入っていて、商品力にはあまり差がありません。商品力で突出できない、営業エリアも変えられない、客層も営業方法も他社と大差がなければ、あとは顧客とのコミュニケーションの仕方、サービスで差別化するしかないのです。

ポイント

お客とのコミュニケーションがうまくいく仕組みを作る。これが「顧客戦略」だ。

リピーターをしっかりつかめばラクになる

お客の新規開拓には時間がかかり、経費もかかります。しかし、リピーターや紹介客は、新規開拓に比べると格段に経費がかからず、この割合が増えていくと経営が安定します。新しいお客を1件作るコストを10とすると、継続客をつなぎとめておくのにかかるコストは1～3くらい。また、実績が15年、20年と長くなればなるほど、売り上げに占める既存客の割合が多くなり、経営は安定してきます。

これに対し、新規に独立したときは固定客ゼロ。一度契約したお客さんを継続取引にしないと、自転車操業が続いてしまい、いつまでたっても経営は安定しませんね。だから、固定客化が必要になるんです。

わたしの会社はいまの売り上げの約8割が古くからのお客さん。この数年はビジネス教材の制作に専念して新規開拓営業をあまりしていませんが、顧客戦略をきちんと実行すると、既存のお客さんが助けてくれますね。

たとえば、既存客にＤＭを出すと、一定量は必ずＣＤ・ＤＶＤを買ってもらえます。うまくいくと、わずか２５００通のＤＭで４００万円から６００万円の注文があります。小さな会社で、これだけの売り上げを新規のお客から上げようと思ったら、普通はＤＭを何十万通と出さないと無理でしょう。これではとてもペイしませんね。

新規の顧客開拓も大事ですが、同時にリピーター・固定客をしっかりと作っていくこと。これを独立当初から意識して仕組みにしておくと経営が安定します。釣った魚にはエサはやらないと言いますが、経営も人生も長いですからね。ここはお互い、心して考えていきましょう。

ポイント **リピーターの気持ちをつかまえるための仕組み作りをしよう。**

顧客戦略成功例① 小さなケーキ屋さんの場合

ケーキ教室とハガキで大逆転！

愛知県尾張旭市にどん底から逆転した街のケーキ屋さんがあると、複数の竹田ランチェスター経営のファンから聴きました。しかも、逆転キッカケの一つは2004年に名古屋で行なわれたわたし（栢野）と小串さん（ポストカード通販のホワイトベース代表）の講演会と本。うれしいのでこの新版本を執筆中、現場の店まで行って代表の小野さんから7時間ほどヒヤリング。要点のメモは……。

●2000年、東京での菓子店修業を終えて家業に入る。ケーキが1日1万円も売れずに愕然《がくぜん》。お菓子を作る職人で、販促や営業や経営知識はゼロ。何をやればいいかわからない。とりあえずビジネス書を乱読し始める。

●2001年、神田昌典ピンク本を読み、竹田陽一との対談テープを聴く。小さな会社の戦略にピンときて竹田陽一の安い音声テープを買う。気に入ったので買い足していく。本よりも音声学習（作業中のBGM）が性に合った。

●2002年、小さな会社の接近戦営業として「子供ケーキ教室」を月1回開催。チラシ1万枚で5名参加。

●2004年のセミナーで新規来店後のリピートやファン作りに興味を持つ。顧客名簿作りとハガキでのフォローを開始。

●12年後の現在、「子供ケーキ教室」「子連れママのケーキ教室」をほぼ毎日開催して顧客名簿も1万件。

●年商は約20倍の８０００万円に。その大半は既存客のリピートと口コミ紹介。
●誕生日ケーキと教室の売り上げで、半年から1年先まで予約で埋まっている。
●以前はその日暮らしで来店数も売り上げも見えなかったが、いまは来年や５年後も見える。
●同じ商圏に年商５００億の大手チェーン支店ができたが、影響はまったくない。工場で大量生産格安商品と客層は自店と重ならない。
●いまの1店舗のみで年商２億まで計画。
●ケーキ教室とハガキ戦略はだれでもできるが、ほぼだれもやらない。やっても効果が現れるのに最低３年から5年かかり、途中で辞める人が大半。ケーキ屋で顧客名簿を集めてハガキ出しているなんて聞いたことない。
●ケーキ教室もマネが増えない。「ケーキ教室？　暇だねえ」が同業の風評らしい。
以上、これから起業する人や苦しんでいる人へ。

「小さな会社の戦略を学んでください。〇〇教室をやってください。顧客名簿をコツコツ集め、ハガキで定期フォローしてください。10年継続すれば、必ず成功します」

3ステップで経営安定

たとえば普通の飲食店の場合、新規顧客100人のうち2度目のリピート来店は約6割、3度目の来店は3割、その後も数年にわたって固定客になるのは1割程度と言われます。

つまり、なにもしなければ、新規にきたお客のほとんどは流出するんですね。

これはほかの業界にも言えることです。いくら自分はがんばっていると思っていても、それは単なる思い込み。どんな業界にも多くの競争相手がいて、あなたのように常に新しい会社や店が市場には参入してきます。とにかく、生き残るには競争に勝たねばならない。

そのためには、

競争相手以上に、お客から好かれ
競争相手以上に、お客から気に入られ
競争相手以上に、お客から忘れられないようにする

以上の3ステップを意識的に実行する必要があります。

商品をどこから買うかは、お客が100％の決定権を持っています。よほどの独占商品か下請け関係でもない限り、「商品はうちから買いなさい。よそから買ったらタダではすまないぞ」なんてことは言えませんからね。

でも、この「お客から好かれる、気に入られる」なんて、バカに見えるかもしれません。プライドや学歴の高い人はとくに嫌いますね。「お客にペコペコして愛想笑いをするなんてイヤだ」と。

でも、わたしが考える「顧客戦略」とは、お客にこびることとは違うのです。お客に感心されて、支持されて注文をもらい、さらに喜ばれてリピートをもらい、お客の紹介ももらうという根本の仕組み作り。そういう体制を全社的に作り上げること。それが「顧客維持の戦略」です。

実際、あなたがお客の立場に立ち、

新規に問い合わせや入店をしたら応対が良かったので、その会社に注文することに決めた（同業他社よりも、その会社が好きになった）

注文したあとも、その会社の対応が良かったので、継続して注文を出すようになった（同業他社よりも、その会社が気に入った）
さらにその会社とつき合っていて対応もいいので、ほかの人にも紹介した（同業他社よりも、その会社が忘れられなかった）

ということがあるでしょう。

逆に、「もう二度と行かない」「いままで発注していたが、対応が悪いので変えた」というう経験も数多くあるはずです。

つまり、顧客戦略の3ステップとは、

ステップ1　初めての人に好かれて「お客」になってもらう
ステップ2　「お客」に気に入られて「リピーター」になってもらう
ステップ3　「リピーター」がほかの人にも紹介してくれるような「ファン」になってもらう

と、お客を育てる仕組みと言ってもよいのです。

参考文献として、多くの飲食店を成功に導いているフード・コンサルタント大久保一彦氏の著書に『飲食店「儲かるメニュー」の作り方』（フォレスト出版）があります。この本はパレートの法則、ランチェスター第1、第2法則を飲食店経営に応用した、売れるメニューの作り方のテクニックが満載です。ぜひ一読していただきたい1冊です。

ポイント！ **「お客」→「リピーター」→「ファン」へと、お客を育てよう。**

初めての人に好かれて「お客」になってもらうためには、なにをすればいいか？

利益はお客からしか発生しませんから、もともと「経営はお客中心」があたりまえです。どんな会社の経営計画書を見ても、「うちは顧客第一主義です」と判で押したように書いてあります。しかし、実際はなかなかこれが難しいですね。

ある研究者が道を歩いている人に「いま、なにを考えていましたか？」と調査したそうです。その結果、97％の人は自分のことを考えていて、他人のことを考えていた人はわずか3%だったそうです。つまり、人は放っておくと自己中心に物事を考えるという本性を持って生まれてきているのです。

そして、その欠点は経営のいたるところに出てきてしまい、ひいては経営状況を不安定にしてしまうのです。

そこで、初めての人に好かれて「お客」になってもらうためには、

「お客と直接接するところを総点検」し、

「お客に不便や二度手間をかけているところを改善」することになります。

まずは身近な名刺・封筒、電話・FAXを見てみましょう。

これらは、あまりに身近すぎて見過ごされがちです。「そんなちまちましたことより、もっとすぐ儲かる方法を」という声が聞こえてきそうですね。

でも、経営は一発勝負ではなく、日々の積み重ねです。いくら画期的な商品を開発したり、チラシをまいても、毎日接する部分に落ち度があると、好かれてお客にすることはできません。他人の立場になって考えてみましょう。

以下は主にオフィス・法人向け営業の場合ですが、小売店や飲食店の場合はさらに顧客と直接、接する機会が増えます。お客の立場で不便に思うことを書き出し、自社・自店ではどうか、どこをどう改善するか。こういったことを考える日を月に一度は持ちたいもの

です。

また、ここに取り上げたことだけを実行していれば好かれて「お客」になってくれるというものでもないかもしれません。あくまでも、わたしが提案する一例としてとらえ、ほかにもいろいろと創意工夫を重ねていってみてください。

ポイント！ 好かれて「お客」になってもらうためには、お客の立場になって考えることが大切。まずは、お客と直接、接するところを総点検。お客に不便や二度手間をかけているところを改善しよう。

お客から好かれるための名刺・封筒作り

新規のお客と会ったときに、まず渡すのは名刺です。

また、商品を入れるのにも、伝票を入れるのにも、見積書を入れるのにも、カタログを入れて送るのにも、封筒を使いますね。

名刺や封筒はお客と直接、接するものです。まずは名刺・封筒から総点検し、改善していきましょう。

〈好かれる名刺のコツ①――電話・FAX番号は大きな文字で〉

お手元にある、他人からもらった名刺を見てください。社名や名前は大きな字ですが、電話やFAXの番号が小さな文字で書かれている名刺が多くありませんか?

小さな文字では中高年、とくに50歳を過ぎた人は虫眼鏡でも使わないと読めませんね。中小企業向けの商売で決裁権を持っているのはたいがい社長です。社長の平均年齢は50代より高くなっていることをご存じですか?

家庭向けの商売でも同じです。お金をしっかり握っているのは中高年やシルバー層です。だから、名刺の字は大きくする必要があります。小さい字だと見るだけで頭が痛くなります。

名刺は相手に渡したら相手のモノ。かつ、名刺はお客が保管しやすい数少ないツールです。デザインよりも、もらった相手がちゃんと読めるかどうかが大事です。

好かれる名刺のコツ

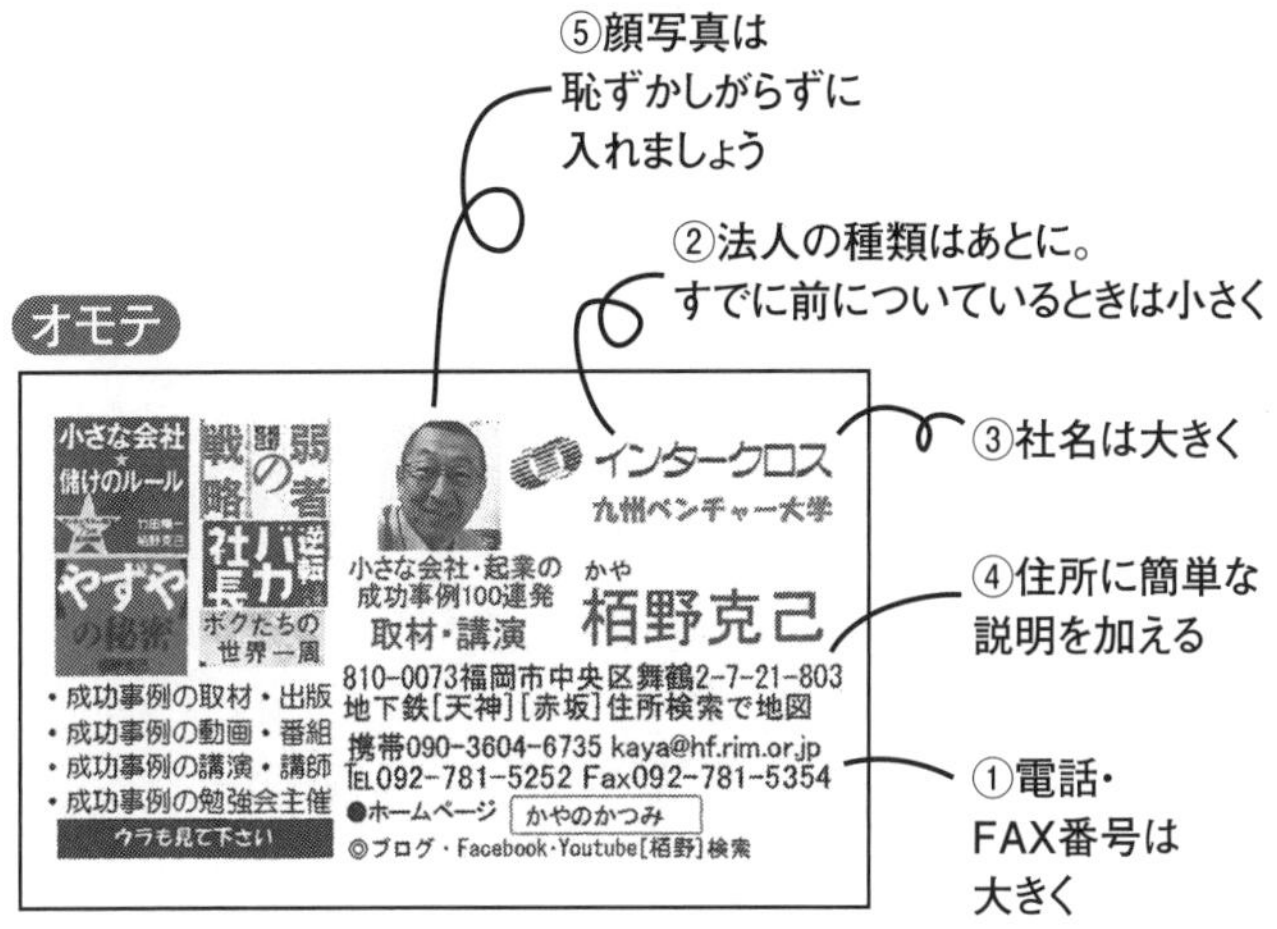
⑤顔写真は
恥ずかしがらずに
入れましょう
②法人の種類はあとに。
すでに前についているときは小さく
オモテ
小さな会社☆儲けのルール
やずやの秘密
弱者の戦略
逆転バカ社長
ボクたちの世界一周
インタークロス
九州ベンチャー大学
小さな会社・起業の
成功事例100連発
取材・講演
栢野克己《かや》
810-0073福岡市中央区舞鶴2-7-21-803
地下鉄[天神][赤坂]住所検索で地図
携帯090-3604-6735 kaya@hf.rim.or.jp
TEL092-781-5252 Fax092-781-5354
●ホームページ かやのかつみ
◎ブログ・Facebook・Youtube[栢野]検索
・成功事例の取材・出版
・成功事例の動画・番組
・成功事例の講演・講師
・成功事例の勉強会主催
ウラも見て下さい
③社名は大きく
④住所に簡単な
説明を加える
①電話・
FAX番号は
大きく

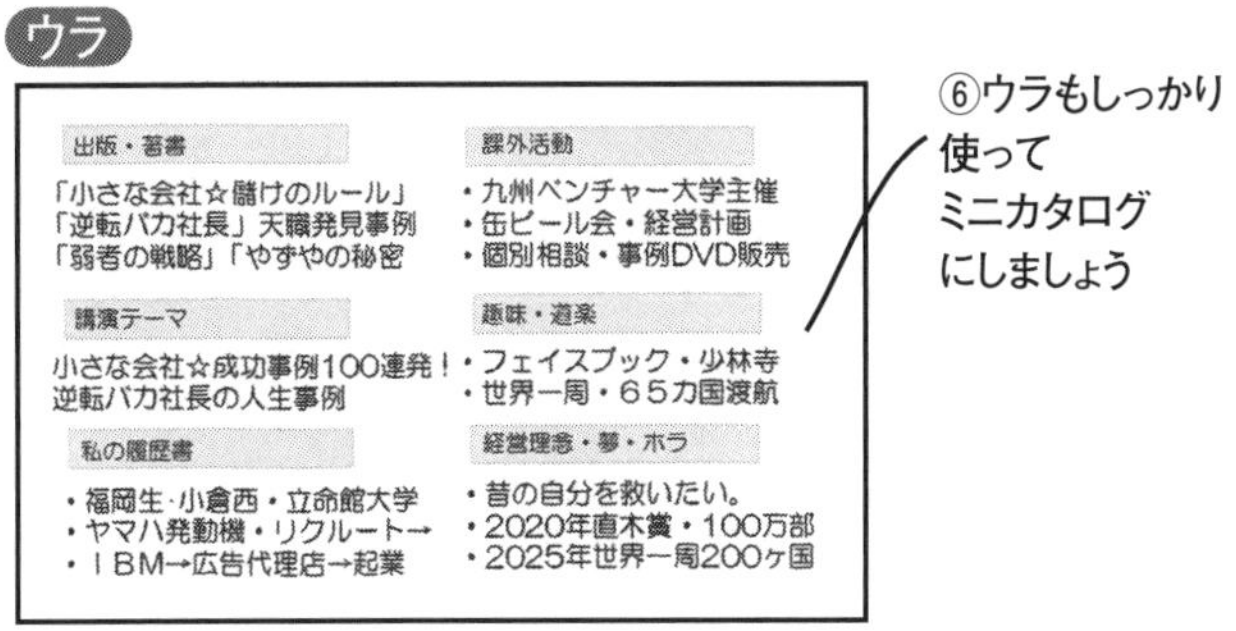
ウラ
出版・著書
「小さな会社☆儲けのルール」
「逆転バカ社長」天職発見事例
「弱者の戦略」「やずやの秘密」
講演テーマ
小さな会社☆成功事例100連発！
逆転バカ社長の人生事例
私の履歴書
・福岡生・小倉西・立命館大学
・ヤマハ発動機・リクルート→
・ＩＢＭ→広告代理店→起業
課外活動
・九州ベンチャー大学主催
・缶ビール会・経営計画
・個別相談・事例DVD販売
趣味・道楽
・フェイスブック・少林寺
・世界一周・６５カ国渡航
経営理念・夢・ホラ
・昔の自分を救いたい。
・2020年直木賞・100万部
・2025年世界一周200ヶ国
⑥ウラもしっかり
使って
ミニカタログ
にしましょう

〈好かれる名刺のコツ②――法人の種類は社名のあとに〉

「株式会社山田商会」と「山田商会株式会社」。

どちらが覚えやすいですか？　人は文字の最初から覚えるため、株式会社や有限会社など、法人の種類はあと回しにして、社名を最初に持ってきましょう。

すでに法人の種類が前にきていて、社名変更できない場合は、法人の種類を小さな文字で入れましょう。

要は法人の種類よりも社名が印象に残ることが大事なのです。

〈好かれる名刺のコツ③――社名とキャッチフレーズを混同しない〉

名刺は社名で管理する人が多いですね。ですから、社名がはっきりわかるように作りましょう。あたりまえのことですが、なかには社内キャンペーン用のキャッチフレーズなどが社名と見間違えるほど強調された名刺もありますね。派手なロゴマークも考えものです。

〈好かれる名刺のコツ④――住所だけでは場所がわからない〉

来社・来店してもらう業種の場合、地図または「親不孝通り・コンビニ隣の茶色のビル」とか「地下鉄○○駅・○○出口より左側に徒歩3分」と書かれていると、もらったほ

好かれる封筒のコツ

オモテ

①メッセージ欄を作りましょう

ウラ

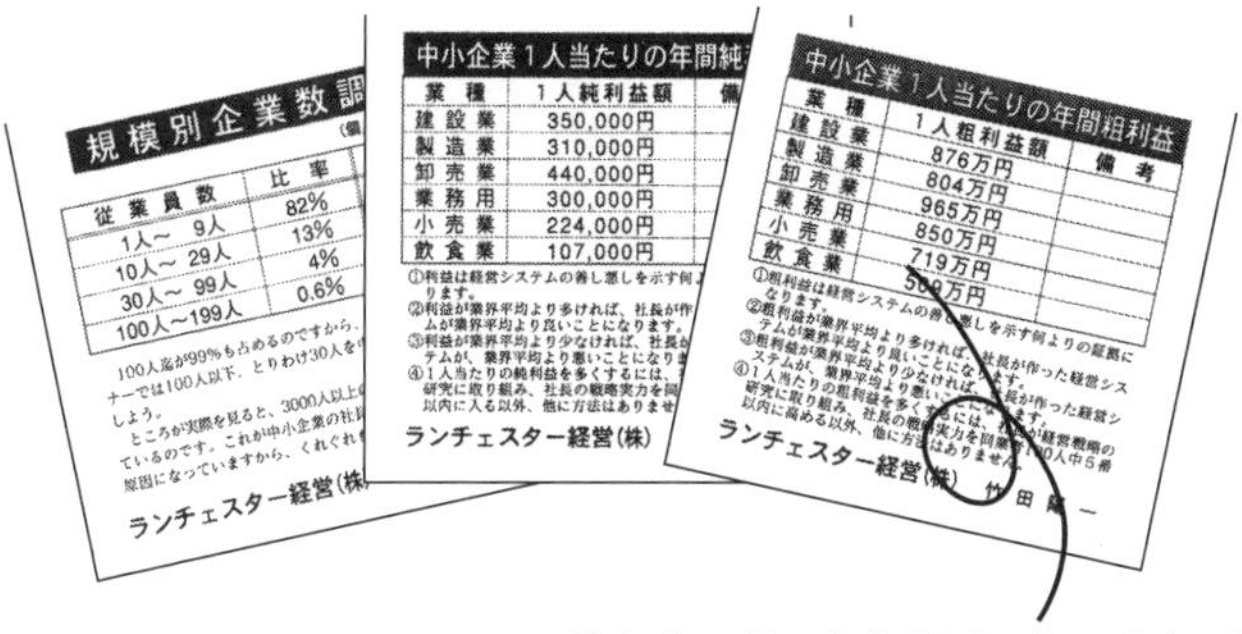

②お客の役に立ちそうなデータを印刷

うはわかりやすいですね。住所だけでは不足です。

〈好かれる名刺のコツ⑤――顔写真を入れる〉

普通、人は3度会わないと顔と名前が一致しません。また、顔がわからない人には発注しにくいものですね。商売は顔を売ること。ならば、堂々と顔写真またはイラストでPRしましょう。

〈好かれる名刺のコツ⑥――名刺のウラも使いましょう〉

名刺はお客が保管しやすい「ミニカタログ」です。しかし、大半の名刺は社名と名前と連絡先だけ。タダでさえ無名なのに、なんの会社かわからないのでは渡しても意味がありません。事業内容や商品名、用途を遠慮なく書きましょう。オモテがいっぱいなら、ウラを使えばいいのです。場合によっては、個人の自己紹介を入れると話題にも困りませんね。

〈好かれる封筒のコツ――封筒もミニカタログにしよう〉

封筒もお客と接する度合いが高いツールです。封筒の電話番号なども名刺と同じく大きくしましょう。デザイン的なカッコよさは、それを売りにしている場合以外は二の次です。

2～3行のメッセージ欄を作りましょう。そこに手書きのひと言を入れると、DMを出したときの開封率も高くなります。

封筒は名刺同様、ミニカタログだと考えてください。封筒のウラは通常白紙ですが、いやらしくない程度に自社製品の紹介を入れたり、お客に役立つデータを印刷するのも一つの手段なのです。

お客から好かれる電話・FAX対応のコツ

電話もお客と接する度合いが高いですね。電話は気軽な手段ですが、お互い姿が見えません。ですから、実は電話応対には直接面談以上に高度なスキルが必要なんです。甘く見ると、一発で信用を失うので注意して対応したいものですね。

また、法人向け営業や通販など、業種によってはFAXで仕事のやり取りや注文を受けることもあるでしょう。FAXは人が出ませんから見過ごしがちですが、送る方に不便をかけないよう、細かな設定が大事です。

〈好かれる電話対応のコツ①——話し中をなくす〉

独立したばかりで1人の場合、電話回線は1本で十分かもしれません。ですが、かけた相手は話し中だと二度手間になりますね。会社の電話でムダ話はしないこと。また、常時2人以上いる場合、電話回線は2本引きたいものです。これが難しい場合はキャッチホンを利用しましょう。

〈好かれる電話対応のコツ②——新人に電話は取らせない〉

独立したての小さな会社の場合、かかってくる電話の90％は社長あてです。スタッフにいったん取らせて取り次ぐのは相手にとってはとても不便。カッコつけず、ちゅうちょせずに電話は社長が率先して取りましょう。新人にあえて取らせて「電話応対の練習」はもってのほかです。

〈好かれる電話対応のコツ③——用件をいちいちきかない〉

会社にはさまざまな「売り込み・営業電話」もかかってきます。それを防ごうと「名前は？」「会社名は？」「用件は？」と、電話をかけてきた人を「取り調べ」することがよくあります。これを古くからのお客に対しても行なうと、「この会社は自分を知らないのか？」と不満が募ります。基本的には「取り調べ」をせずに社長や担当者に回しましょう。「売り込み・営業電話」の業者も立場を変えればお客。「うるさい！」と罵倒《ばとう》するのではなく、「いまは必要ないです」と丁寧な応対ができるくらいになるといいですね。

好かれる電話・FAXのコツ

電話

①話し中をなくす
②新人には取らせない
③用件をいちいちきかない

FAX

①専用線を引く
②複数回線を引く
③呼び出しの回数は短く
④メンテナンスはしっかりと

〈好かれるＦＡＸ対応のコツ①――専用線を引く〉

ＦＡＸはビジネスの必需品。電話とＦＡＸの兼用は相手が送りにくいものです。ぜひ専用線を引くようにしましょう。

〈好かれるＦＡＸ対応のコツ②――複数回線を引く〉

ＦＡＸの使用が多い会社は使用中を避けるために２回線引きましょう。

〈好かれるＦＡＸ対応のコツ③――呼び出し回数は短く〉

呼び出し音は０〜１回に設定しましょう。５回も呼び出させて「ただいま留守にしております。ＦＡＸの方は……ピー」は最低です。

〈好かれるＦＡＸ対応のコツ④――メンテナンスはしっかりと〉

ＦＡＸのゴミやインクによる筋は見苦しいものです。定期的にＦＡＸをクリーニングしましょう。また、紙切れ、インク切れもいつも注意していつでも受信できるようにすることも大事です。

顧客戦略成功例② 建設業者の場合

感謝を態度に示して窮地から脱する

福岡の「大慶ビルド」は水回りの工事をやっている従業員15人ほどの零細企業ですが、以前の売り上げはほぼ１００％が官公庁やゼネコンからの下請けでした。そのため、バブル崩壊に加え公共工事の発注量が激減し、さらに２３００万円もの焦げつきで窮地に追い込まれていたのです。

大慶ビルドに限らず、下請けの工事会社には顧客対応という概念がありません。職人気質の会社が多く、電話やＦＡＸの対応もいい加減な会社がほとんどです。

しかし、このままでは会社がつぶれる。いろいろ考えたあげく、まず実行に移したのは工事終了後の「入金お礼ＦＡＸ」でした。

すると、「こんなものは受け取ったことがない」と取引先から驚きと感謝の電話が殺到。これはいけると、見積もり依頼時、契約時、工事終了時と、ことあるごとにハガキやＦＡＸを出すようにしました。

雑多な工事業者でここまで「感謝を態度で示す」会社はありません。会社の信用度も上がり、リピーターや紹介客も大幅に増えたのです。

また、下請けだけでは限界があると、３年前から一般家庭を対象に水回りの修理やリフォーム工事を開始したのですが、個人客にも注文時や入金時に「お礼のハガキ」を実行しています。やはりお客から驚きや感謝の電話が次々にかかり、この直販事業も一気に軌道に乗ったのです。

全体の年商も３年前に比べて１３０％と安定成長。現在はお礼のＦＡＸやハガキを約20種類用意し、毎日平均して10枚、年間では約３０００枚を出しています。

もし、なにもやっていなかったら、いま頃売り上げは２～３割は減っていたでしょう。幸い同社は優秀なスタッフが多く、お礼のハガキやFAXは専任の女性に任せているそうです。なんとか継続できているのは社内の仕組みを作ったからだ、従業員とお客さまに感謝していますと同社の大熊社長は言っています。

顧客戦略成功例③ 住宅リフォーム会社の場合

漢字も知らない、字もヘタくそ。それでも出すことに意義がある

前章にも紹介した「ホームテック」では「お礼ハガキ」を100%実行しています。営業マンは契約後、本社に見積書・契約書・原価計算書・顧客データを提出しますが、このときに契約後に出す「お礼ハガキ」のコピーを必須事項と規定しています。つまり、お客に「お礼ハガキ」を出さないと、社内的に契約が成立しないシステムにしているのです。

社員はみな漢字も知らないし、字もヘタくそ。それでも出す。とにかく、ヘタでもなんでも、仕事をもらったら「ありがとうございます」と意思表示する。これはビジネスマンとしてあたりまえのことです。だから、お礼ハガキを出さない社員はクビな

のだそうです。

多少、強引なやり方ですが、ここまで規定すると営業マンは必ず書くようになります。ホームテックの１回の平均受注額は約１００万円。一般家庭にしては高額商品になるため、「やっぱり考え直す」というキャンセルもあります。ところが「お礼ハガキ」を出すと、キャンセルの比率が大幅に減るという副次的効果もしっかりあるのだそうです。

「お客」に気に入られて「リピーター」になってもらうにはどうしたらいいか？

以上は、好かれて「お客」になってもらうために、まずは簡単にできることの紹介でした。

では次に、好かれて「お客」になってくれた人に気に入られて「リピーター」になって

礼状の実態調査

●背広やコートを買ったとき、礼状をもらったことは?	3%
●3万円以上の家電品を買ったあと	3%
●3万円以上の家具を買ったあと	5%
●個人の自家用車を買ったあと	6%
●自動車の整備をしたあと	2%
●損害保険に加入したあと	3%
●生命保険に加入したあと	8%
●家を新築したあと、工務店から年賀状は?	7%
●得意先を4万円以上で接待したあと	0%
●集金に来ている営業マンから	0%
●銀行送金したあと	0%
●会社に来ている営業マンから	2%
●得意先にお土産を持って行ったあと	2%
●FAXで注文したとき、お礼の電話かFAXは?	5%

もらうためにできる、簡単なことを紹介しましょう。

ところで、わたしは45歳のときに独立して経営コンサルタントの仕事を始めたのですが、独立すると飛ぶようにお金がなくなっていきました。これはサラリーマンのときは気づかないことでした。事務所のコピー機などの備品や印刷物など、1万円や2万円の支払いはまだしも、10万円や20万円の支払いはつらいものです。

しかし、あるとき思いました。このお金はわたしがサラリーマン時代に苦労してためたお金だが、さっと銀行振り込みしても「お礼のハガキ」が1通もこない。そこで、普通の会社はどれくらい「お礼のハガキ」を出しているのだろうと、礼状の実態調査をしてみました。

その結果は……。

礼状を出している会社は平均すると3％。97％は商品を買ってもらったり、送金してもらっても知らん顔をしているワケです。

ポイント！ 入金・買い物に対する「お礼」を形として示している会社はたったの3％。これで「お客」に気に入られることはできるのか？

顧客戦略成功例④ 喫茶店の場合

小さなコーヒー店がウラでやっている努力

ある日、フェイスブックでわたし（栢野）の本を読んでいる人を発見。なんと徒歩圏内だったので「寄りませんか？」と。その人、阿部さんは携帯電話の修理会社サラリーマンですが、拠点閉鎖の噂《うわさ》もあり先行きも怪しい。以前は印刷工や悪徳金融会社や電子部品の営業もやったという。

「あなたの夢は何ですか？」

「自分で喫茶店やりたいですね」

鬱屈《うっくつ》サラリーマンの北九州時代にコーヒーの味と香りにはまり、10年で市内ほとんどの喫茶店を回ったそうです。しかし、昔ながらの喫茶店は大手チェーンに食われて衰退の一途。さらに普通に店舗を構えるには、内外装不動産で1000~2000万円はかかります。

きけば貯金は300万円しかない。普通はやめたほうがいいですね。

しかし、すぐにわたしの頭に浮かんだのは、千葉の自家焙煎《ばいせん》珈琲豆屋「さかもとこーひー」の坂本さん。コーヒーショップではなくコーヒー豆のテイクアウトと通販で、この業態なら店舗スペースや内外装も不要で、顧客名簿をコツコツ積み重ねたストックビジネスができる。事実、坂本さんは自宅ガレージで始めて顧客名簿と資金をコツコツ積み上げ、20年過ぎてから焙煎工場兼小さな店舗を出しました。

「偶然ですが、2週間後に坂本さんを呼んで東京でセミナーやるんですよ」。なんと阿部さんは福岡から即参加し、その場で坂本さんに弟子入り宣言。千葉の店舗で数週間修業し、さらに坂本さんグループの共同仕入れ先である中米コスタリカやグアテマラの現地コーヒー農家にまで訪問視察。

あっという間の数カ月後、自家焙煎珈琲豆屋を開業したのには驚きました。

あれから丸3年。初年度数十万円の赤字でしたが、2年目からは黒字転換。いまも1人自営業ですが、師匠の坂本さんいわく「通常の5倍のペースで成長している」。

オープン時はチラシを2万枚3回入れたが、その後は来店客の顧客名簿をコツコツ集め、丸3年の現在で約2000名に。

既存客全員に出す定期ハガキに加え、個人の誕生日や法人の創業記念日にもハガキを出す。その数は年間2万枚！顧客1人に年間16枚！単なる個人の自家焙煎珈琲豆屋さんがそこまでやるか⁉

通販もやっていますが、現在は売り上げの9割は来店客。リピーターが売り上げの85％！ 購買単価は約2000円で、年商は4年目の今年で2000万円を超えそう。個人の小さな豆屋さんで。これってすごくないですか？

見た目は数坪のコーヒー豆屋さんですが、実は来店型のリピート通販ビジネスですね。もちろん、豆の品質はスタバ以上のスペシャリティ高級種で、しかし価格はスタバより安い。さらに毎日、阿部さんが自家焙煎の引き立てでき立てですから、工場で大量生産作り置きのチェーン店に、味と香りで負けるはずがないですね。

ストレスだらけのサラリーマン時代に癒やされたコーヒーショップ。自分で店を持つのが夢だったが「設備投資のかからない豆屋という業態と、顧客名簿によるリピート販売という発想はなかった」そうで、「さかもとこーひー」の坂本さんの成功事例と指導があってこそ。が、「教えて実践しても、コツコツ積み上げ努力の成果が出るのに数年はかかるので、途中で脱落する人が大半です」と坂本さん。たぶん、チャレンジした人の5年後継続率は1割ないでしょう。だからいいですね。

気に入られるために考えるべきこと

せっかく「お客」になってくれた人に、さらに気に入ってもらうためには、どんなことをすればいいでしょうか？

わたしは長年の会社経営の経験、企業調査会社で数多くの会社を見てきた経験から、「お客が思っている以上の、プラスアルファのサービスを実行する」ことが一番の近道だと考えています。それには、自分の都合や面倒臭さをぐっと押さえ、親切で報いを求めない行動が必要になります。

少々話がそれますが、相手が良くなることを本心から願い、自分の精神力や思いのすべてを相手に捧《ささ》げた状態を「祈り」と呼びます。

真の宗教家のなかには、重病人と出会ったときに、自分の身はどうなってもいいからこの人を助けてくださいと、持てる精神力のすべてを集中して神に祈る人がいます。すると、その様子に心を打たれ、精神のバランスをとり戻して奇跡的に病気が良くなる人もいますね。

しかし、祈りの状態になるのはとても難しく、普通の人はとてもできません。

この状態に近いのが「感謝」です。感謝とは「感じたことを、言葉で射る」と書きます。つまり、感じたことをありのままにパッと伝えるのが感謝なんです。

ですから、感じても言葉や態度に表さなかったら、それは感謝ではありません。ありがたいと思ったら、口や言葉や文章で相手に伝える行動が必要です。

雨のなかを来社、来店してもらったら、「わざわざ雨のなかをありがとうございます」と素直に言葉に出してお客さんに伝えること。同じく、注文が入ったら、お礼の電話かＦＡＸをすぐに入れて喜びを素直に伝えること。

支払日よりも前に銀行入金があったら、すぐにお礼のハガキかＦＡＸを出し、喜びを素直に伝えること。こうするだけでも、きっとあなたの会社を気に入ってくれます。これを実行するだけでも、お客が思っている以上のなにかになるのです。

新人研修などでは必ず「報・連・相」の話が出ます。「部下は上司に報告・連絡・相談をきちんとせよ」とね。でも、何度も言うように、利益はお客からしか生まれません。社内のムダな会議や報告よりも「お客への報・連・相」が最優先だと思うのです。

ポイント

お客に対して「感謝」をしよう。「報・連・相」はお客から。
それだけでもお客はあなたの会社をきっと気に入ってくれるはずだ。
なぜなら競争相手は感謝をしていないから。

だれでもできるハガキで感謝

わたしは学校時代の成績が最低でした。それも国語が大の苦手。字がヘタで漢字も知らない。だから、社会人になってもハガキや手紙はほとんど書きませんでした。

転機は企業調査会社時代。ベドガーの再度訪問式営業で訪問件数を増やし、さらにランチェスターのエリア戦略と自転車営業で入社3年目には九州一となりました。その時点で売り上げは平均社員の5倍になっていましたが、困った事態に追い込まれていました。お客の数が増え、通常の営業活動では物理的な限界に達していたのです。もうこれ以上、訪問件数を上げることは不可能でした。

ただ、成績最低と人生で虐《しいた》げられていた反動か、ここまできたら日本一を目指したい。なんとかいま以上に売り上げを伸ばす方法がないかと考えたのです。

その結果、実行したのが「ハガキ」でした。

〈気に入られるハガキ作戦①――「入金お礼」〉

仕事をして代金を振り込んでもらうのは当然ですね。お客も払うのは当然だと思っています。しかし、すべての経営はお客のお金をもらって初めて成り立ちます。小売業や飲食業はレジで払ってもらって「ありがとうございます」ですが、法人取り引きの場合はいまは銀行振り込みが大半。

入金していただいたら、お礼のハガキまたはＦＡＸでもいいのです。それだけでもお客の対応は変わってきます。

〈気に入られるハガキ作戦②――その都度ハガキ〉

営業で訪問して注文をもらったり、なにか世話になったら「その都度ハガキ」を出しましょう。わたしは見込みのない訪問先は省いたので、ハガキを出す率は全訪問企業の3割くらいでしたが、ものすごい効果がありました。

1件訪問するのには、面会時間に加えて移動時間も含めると、平均して30分から1時間はかかります。でも、ハガキは慣れたら1枚あたり3分から5分でささっと書け、もう一度訪問したような効果があります。昔もいまもハガキを出す営業マンはほとんどいませんからね。わたしはこういう「その都度ハガキ」を毎日5枚前後出すようにしました。

〈気に入られるハガキ作戦③——定期メール〉

めったに訪問しない小口のお客さんや遠方のお客を含め、年に4回の「定期メール」を顧客企業に送りましょう。わたしは営業マン時代に約500通、発送していました。

どういうハガキかというと、ウラ面に経営に役立つデータや資料を印刷し、相手の住所を書くオモテ面に2~3行のあいさつを手書きするのです。

ハガキは時間外でも書けるし、移動時間もかからない。配達当日に相手が不在でもコミュニケーションが保てます。かつ、単なる売り込みのDMではなく、お礼や相手の役に立つ内容の「定期メール」は、まず捨てられることはありません。むしろ「いやー、丁寧にハガキをありがとう」「役に立つ資料をありがとう」と、お客の評判は上々でした。

こうしてハガキを出し始めて2年後、売り上げは平均社員の7・7倍と日本一になり、サラリーマンながら年収も高額所得者番付に載るまでになりました。

〈気に入られるハガキ作戦④——徹底させる〉

「ハガキを出せ」といっても、現実に実行して継続するのは大変ですね。ましてや、全社的に末端まで徹底させるのは難しい。だからこそハガキやＦＡＸを出す意味があるんです

気に入られるハガキのコツ

① 入金のお礼
② その都度ハガキ
③ 定期メール
④ 徹底させる
⑤ 意味を忘れない

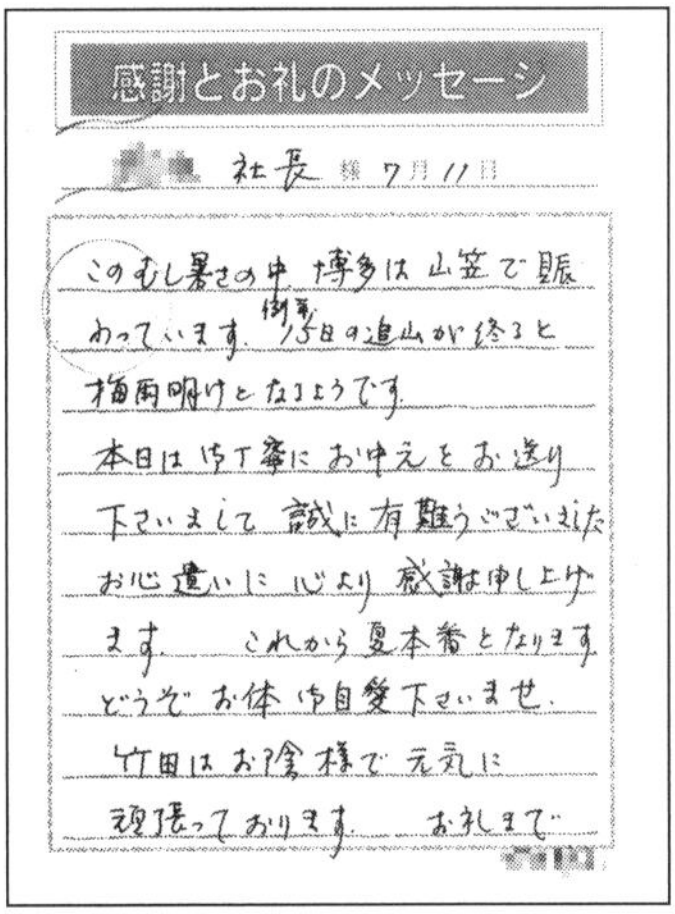
感謝とお礼のメッセージ

社長 様 7月11日

このむし暑さの中 博多は山笠で賑
わっています。 15日の追山が終ると
梅雨明けとなるようです。
本日は御丁寧にお中元をお送り
下さいまして 誠に有難うございました
お心遣いに 心より 感謝申し上げ
ます。 これから夏本番となります
どうぞ お体御自愛下さいませ。
竹田はお陰様で 元気に
頑張っております。 お礼まで

簡単に出せるように
フォーマットを作っておくと
いいですね。
例は著者が使っている
フォーマットの一つです。

が、やるからには徹底して継続しましょう。

徹底して継続させるためには、簡単なハガキのフォームを作ってしまえばいいのです。

一度ハガキのフォームを数種類作ってしまえばこれを状況に応じて使い回せばいいのです。

いちいち頭を悩ませて文面を考えていては、大切な営業の時間がなくなってしまいます。

〈気に入られるハガキ作戦⑤——意味を忘れない〉

ハガキを出すのは「感謝を態度で示すため」です。「感謝を態度で示す」人は、昔もいまもこれからも、おそらく３％程度しかいません。逆に言うと、実行すればすぐに顧客対応では同業者１００社中３番以内に入ることができますから、これを継続すれば必ずお客の評判と支持は上がり、業績は伸びます。

「念ずれば花開く」という言葉を気に入っている人は多いですね。でも、念じただけでは花は開きません。まず念じて確信を持ち、次に「行動」を起こし、さらに「考えたことをお客に伝えたり、熱心に頼んで」初めて花は開きます。

感謝とは「感じたことを言葉で射《い》る」こと。ハガキやＦＡＸは経費もそれほどかからず、かつ、感謝の物的証拠として残ります。最近はＥメールという手段もありますが、インターネットが普及すればするほどアナログは貴重。できれば手書きで感謝を示したいものです。

「リピーター」がほかの人にも紹介してくれるような「ファン」になってもらうにはなにをすればいいか？

「感謝を態度で示す」ハガキやＦＡＸに加えて、大事なことは「一度、商品をお買い上げいただいたお客さまを忘れてはならない。同時に、お客さまからも忘れられてはならない」こと。そして、ほかの人にも紹介したいと思ってもらわなくてはなりません。

ベストな方法は社長や営業員が定期的に既存客を訪問あいさつすることですが、業種によっては訪問コストがかかり、すべてのお客を回るわけにはいかないですね。

また、ハガキやＦＡＸも毎回の手書きでは物理的に限界があります。

そこで有効なのはわたしが以前出していたような「定期メール」や「ニュースレター」の発行です。

〈忘れられないニュースレター作戦①――質より量〉

「定期メール」や「ニュースレター」のコツは「お金をかけずに社内で手作りし、内容に構わずとにかく出すこと」です。きれいな印刷ではなく、手書きやワープロで、コピーやプリンターでＯＫ。目的は「お客に忘れられない」ことですから。

〈忘れられないニュースレター作戦②――お客に役立つこと〉

どの業界でも、一定の人的・物的サービスがされていて、お客も常識として認識しています。この常識を打ち破り、そのうえをいくサービスをどこよりも熱心に実行すると、お客は予期しないサービスに一瞬驚き、そのあとで喜びます。

これが何回か続くとお客はとても気に入ってくれ、やがてそのなかの何割かがファンや信者となり、口コミや紹介で「言いふらす」ようになります。

一般に営業や商売というと、口からでまかせにウソ八百を並べて、ありもしないことをうまく言いくるめて売るイメージがあります。でも、それはまったくの間違いですよ。

ほんとうの営業とは相手の困っていることや必要とする情報を察知し、自社の商品やサービスで解決すること。そして、その対価としてお金をいただくのが経営です。

さらに、あまりお金をかけない範囲で、お客のためになることや役立つことがあれば、目先の損得抜きにすぐに実行に移す。すると、お客は喜び、感謝もされますから、ますます仕事も楽しくなり、さらにお客の役に立つサービスが自然にできるようになります。

このように「顧客戦略」を極めると、報いを求めない親切心と行動力が身につきます。それは最終的には自分の人間性を高め、あなたの人格を磨くことにもつながります。

顧客戦略成功例⑤ 不動産業の場合

ハガキやイベントで顧客に感謝

「福一不動産」では、店に寄って契約したお客さまには連続して５回ハガキを出しています。①来店していただいたらその日中に ②契約時に ③入金があったら ④入居したら ⑤入居１カ月たったら。その後も年に４回はフォローのハガキを出しています。

また、社内の人事評価に「お客さまとの接触ポイント」を導入しています。直接お客さまに会う行為を１点とし、電話やＦＡＸ・ハガキは０・５点と換算。新入社員でもお客さまとの接触ポイントが増えれば、自然と売り上げも増える仕組みを作っています。

月４回のチラシのうち１回は地域新聞を発行。Ｂ４サイズ１枚のワープロ印刷ですが、地域の店や各種イベント情報を載せているためファンも急増。街を歩くと「見てるよ」と声をかけられるそうです。

ほかにも、メイン客の中洲歓楽街のスナックやクラブのママに向けて、販売促進の経営コンサルタントや飲食店プロデューサー、繁盛店の店主を講師として招き、年4回大きなセミナーを開催しています。

さらに、自らが実践して成功した「ハガキ戦略のマニュアルとハガキセット」も配布。ビジネスCDを活用した「経営勉強会」をマンツーマン・少人数で実施しています。

街の不動産屋で店の経営指導までやるところはないでしょう。ママさんたちは大喜びで「中洲でお店をやるなら福一。あそこと付き合うと店が繁盛する」という噂は口コミで急速に広まり、わずか3年で中洲地区のシェア約3割を獲得し、年商も3年で3倍になったのです。

顧客戦略成功例⑥ 飲食店の場合

1日3人の新規顧客の顔を覚える河原社長

博多を代表する人気ラーメン店「博多一風堂」には1店で1日約1000人が来店

します。もちろん、その傑出した味が受けているワケですが、実はその接客も独特です。河原社長が創業以来、徹底しているのは、最低1日3人の新規顧客の顔を覚えること。そして、覚えたお客さまが来店したら「わたしはあなたを知っていますよ」と目であいさつしながら「いらっしゃいませ」と言うこと。これを続ければ1年で1000人、3年では3000人の顔見知り客ができることになります。

ちょっとしたことですが、この、お客さまの顔を見ながらあいさつするのと機械的にあいさつするのとでは大違いです。お客さまは敏感です。だから真剣勝負。味やブームでお客さまを忘れたらおしまいだと河原社長は言っています。

わたしの顧客戦略実例

ここで、わたしが長年実行していることで、効果のあった事例をいくつか紹介しましょう。

一つは「お客の役に立ちそうな情報を送る」こと。

普段、読んでいる新聞や雑誌で、お客の役に立ちそうな記事があれば切り抜き、コピーして「ご覧だとは思いますが、念のために」とひと言書いてＦＡＸまたは郵送するのです。

相手が中小企業の社長の場合、忙しくて意外に著名な新聞や雑誌にも目を通していないことがよくあります。また、すでに見ていたとしても「ここまで自分のことを気にかけてくれているのか」と感心されます。

また、わたしのほうでは各業界と主要会社の「従業員１人あたりの純利益表」などを作って、「定期メール」で送りますが、経営分析の資料になると喜ばれますね。これはＡ４サイズ１枚で印刷費は１枚あたり３円くらい。単なるデータだと思われるかもしれませんが、数百社のデータを集めて計算するのに、慣れてない人だと２週間もかかります。わたしはこれを35歳の頃から作ってますから、いまでは数字を計算し直すだけですが、手作りの資料で喜ばれますね。

ほかには、お客が関心を持っているテーマの本や講演ＣＤ、テレビ番組があれば、それを録画ダビングして送る。また、得意先の会社や社長が新聞や雑誌に紹介されたとき「記事を見ました。素晴らしい内容でしたね」とすぐにＦＡＸやハガキを出す。

お客の記事量が多く、保存しておく価値がある場合は「記事を印刷して贈呈」したり、新聞のバックナンバーを大量に購入して送ります。取材記事は最高の宣伝材料で、客先の営業活動資料として使えますからね。これは多少の手間ヒマと費用がかかりますが、上得意客にはおすすめです。お客は１００％喜び、役に立つと感謝されますね。

以上のような「お客にとって役に立ち、予期せぬサービス」を続けると、お客はとても喜び、その行動は信頼に発展します。信頼されると、お客の会社のなかで「需要」が発生したとき、真っ先に問い合わせや発注を受けます。

顧客戦略成功例⑦ 街の店の場合

小さな自転車屋さんの余計なお世話

自転車の前輪あたりから異音。数週間前からです。よく見ると片方のブレーキゴムが車輪に接触しています。直そうとしたがペンチやボルトレンチがない。何百円かするだろうが、買った自転車屋さんへ持って行きました。

奥さんが出てきて「これは車輪も少しガタガタしてる」と、車輪のボルトをはずして調整を始めました。途中でお父さんを呼んできて本格的なチェックと調整も。ヤバい。こりゃ過剰点検商法だ。ボッタクられるなと思いました。

最後の最後にブレーキゴムを支えるナットを微調整。

「終わりです」

「ありがとうございます（もう。その最後の調整だけで良かったのに。あれこれ勝手に触りやがって）」と、覚悟して財布を出しました。1000円以内でお願い。

「エッといくらですか？」

「いりません」

「ハッ?? ここまでやってもらってそれは申し訳ない」

「いや、お宅にはいままで何台も買ってもらったから。この程度のメンテナンスは無料です。最近、下の息子さん見ないけど」

「ONOグループに就職して寮に。木の葉モールの寿司部門で働いてます」

「そうですか。前からバイトしてましたね」

「はい。おかげさまで正社員に昇格しました。ありがとうございます！^_^」

我が家4人はこの天神地区で20年。みんな自転車のお世話になった。家族は妻の方針でみなこの店で。が、わたしだけはずっとダイエー天神で買い変えていました。自転車なんて安けりゃいいんだよ。が、パンクや故障時にはここに来る。申し訳ない気持ちと共に。

が、修理メンテは粗利ほぼ１００％。新車売っても薄利多売で量販店には勝てん。買うはダイエー。修理は個人店。で棲《す》み分けいいじゃん、と思っていたが、５年前に買ったこの自転車からこの親不孝通りの自転車屋さんで。なんか正々堂々と修理やメンテに持ち込めるもんね。

今日もそうだった。ブレーキゴムの調整ボルトを少し緩めてまた締めるだけ。まあ、タダか１００円かマックス５００円だ。ところが車輪全体の本格的なメンテナンスでやられた！　ガソリンスタンドの「ボンネットのなかの点検はいかがですか？」で必要ないオイル交換やまだ使えるブレーキパッド交換ボッタクリ商法だ！

１０００円か⁉　と本気で疑い身構えたわたし。恥ずかしい。あとでなにかシュークリームでもお礼に届けよう。こんな感じで互いに共存共栄できたらいいね！　大手量販店にはできない接近戦会話メンテフォロー。家族の話題、しかも次男の就職プチ自慢もできて、わたしの認知欲求と自己顕示欲も喜んだ。あざっす！　親不孝通り入口リクルートビル１階の自転車屋さん！

「うらみ」と「のろい」と「たたり」の経営

「初心7年」と言われるとおり、独立して7年もたつと初心の素直さや原点の心をすっかり忘れ、自己中心的になる社長が増えます。さらに「横着15年」と言われるとおり、15年もたつと自分に直言する人がいなくなるため、経営が横柄になってきます。

すると、お客から注文をもらっても「当然」という顔をして、感謝を態度で表さなくなります。さらに、得意先から見ると大事な商品であっても、納期もサービスもいい加減になります。でも、自社の商品だけはどんどん買ってもらいたいという、厚かましい考えを持つようになります。これを「自己中心の経営」と呼びます。

こうなると、お客は嫌気が差して他社に注文を出すようになります。ところが自己中心の主観経営をしている人は、自分の行ないの悪さを棚に上げ、「いままでうちの会社が面倒を見ていたのに、よその会社から買うなんてけしからん」と、お客の悪口を言うようになります。これを「うらみの経営」とか「のろいの経営」と呼びます。

お客の悪口を言うようになると、これが態度に出るので、お客の評判は一層悪くなり、そのうちにお客が少なくなって経営が危なくなります。これが「たたり」です。

業績が悪いのは「景気が悪い」「政府が悪い」「場所が悪い」とか言いますが、実は業績不振の大半はこのタイプの会社が多いんです。常に、自分の会社をお客から見たらどうなのか、チェックを怠らないようにしましょう。とにかく顧客戦略で大切なことはお客が思っている以上のなにかをすることなのです。お客の悪口を言うなどもってのほかです。

顧客戦略4大原則

原則その① 顧客戦略は経営安定化のために欠かせない

原則その② 顧客戦略の基本は3ステップ（感謝は態度で示せ）

ステップ1 好かれて「お客」になってもらう

ステップ2 「お客」から気に入られて「リピーター」になってもらう

ステップ3 「リピーター」から忘れられず「ファン」になってもらう

原則その③ これらすべてに共通するキーワードは「お客が思っている以上のなにか」をすること

原則その④ 慢心してはいけない

儲けのルール7

成功するためには長時間労働が不可欠

弱者の時間戦略

世の中はお金か人間性か？

孔子《こうし》のお弟子さんが孔子に質問したんだそうです。
弟子「世の中にはお金は持っているけど人間性がダメな人がおりますね」
孔子「うん、おるなあ」
弟子「でも、人間性が素晴らしくて、人間の貴さとか命の大事さとかはわかっているのに、お金がない人がおりますねえ」
孔子「うん、おる」
弟子「先生。大体、人間というのはどういう人が一番良いんでしょうか」
孔子「経済的に富み、人間の貴さがわかる人が一番良いんだ」
これが熟語になったのが「富貴」。お酒の名前にありますね。
これを2次元で図表化すると四つに分かれます。
1番は「経済的に富み、人間性も高い」。

2番目はどっちか。100人中97人は経済的に一度富まないと人間性も高まらない。だから「人間性は低いが経済的に富んでいる」が2番。

3番目は「金はないが人間性は高い」。

4番目は「金もなくて人間性も低い」。

まあ、反論もあるでしょう。とくに2番と3番は逆ではないか、いや3番が1番ではないかと。でも、経営では、お金がなくなると人間性も低くなる場合が多いのです。残念ですが、新聞の犯罪記事を見てください。その9割以上の原因はお金に困ったからですね。

たまに、お金はないけど、人間性が高い人がいます。これを「清貧」と言います。20年以上前に『清貧の思想』（草思社）という本が売れましたが、あれを実行に移すのは至難の業です。

まあ、いずれにしろ、資本主義社会では「経済的に富み、人間性も高い」のが1番。そのためにはまず凡人は経済的に富むこと。経営者ならなおさらです。

人生の成功公式

「豊かな人生を送る」とか言いますが、人生の要素を大きく分けると「経済力」と「人間性」の二つになります。清貧の人＝マザー・テレサとかホセ・ムヒカとか、貧乏でも人間性の豊かな人もいますよ。でも実際は「清貧を一生貫ける人」はきわめて少ないですね。

豊かな人生を送るにはどうしたらいいか。通常は経済的にある程度達成しないと心の豊かさも実現しないものです。

では「経済力」を形成する成功要素についてまず見ていき、次にどうしたら「経済力」を形成していけるかを考えてみましょう。

〈人生は $y=ax^2+b$〉

わたしは34歳のときにランチェスター法則を知ったんですが、とくに第2法則の、

「攻撃力＝兵力数^2×武器性能」

が気に入りました。

わたしはラジオやテレビも自分で組み立てるほど電気が好きでしたので、このランチェスター法則は電気の話と同じだと思ったのです。

「発熱量＝電圧×電流^2」。

アインシュタインのエネルギーの法則も「$E=mc^2$」ですから、まったく同じだと。それで、これは仕事や人生にも応用できると思ったのです。

そこで考えた公式が「$y=ax^2$」。

人生の方程式

人生＝素質×時間^2＋過去の実績

$$y=a\times x^2+b$$

「y」は仕事の成果で「a」が素質「x」が時間。

つまり「成果」は「素質」×「時間」の2乗。

でも、実際はそれだけではないと考え、高校時代に習った「$y=ax^2+b$」という公式を思い出したんです。

これで人生を1行の公式で表せるのではと。

人生を「y」としますと、

「人生・y」＝「素質・a」×「時間・x」の2乗＋

「過去の実績・b」。

これがわたしの考える人生の公式です。

〈y・人生〉

まず、自分の人生＝yをどうしたいかを決めましょう。

なにをやるにも目標や夢は大事です。

人生をどういうふうに送りたいかということを遅くても35歳までには決めないといけないですね。人生目標。まずはyを決めること。

でも、なかなか決まりませんね。「いや、それはうちの会社の人事部が決める」とか「それはうちの嫁さんが決めています」とかね。なかなか決まりません。

〈a・才能〉

自分の才能、能力を客観的に見つめましょう。

そのためには「パレートの法則」で考えてみると効果的です。

たとえば、実力100％のフルコミッション＝完全歩合セールスマンが100人いるとします。すると、1位から20位で全売上高の75％を占めます。21～60位で20％。残り61位から100位までは、人数は多いけれど売り上げは5％しか占めないというのがパレートの法則です。

いまは三つに分けましたが、これを二つにします。すると、1位から10位までで全体の売り上げの半分くらいです。ですから、1位から3位までに入っているといいですが、これ以下だったら実際は大したことないですね。

自分が100人中10位だったら、順位評価でいくと上のほうに見えるでしょう。でも、10位は経済的な力では真ん中あたりなんです。自分の順位評価が20位だったら見た目は上ですが、実態は中の下になるんですよ。60位だったら中の下ですが、経済的には下の下。これを「番外」と言います。

才能を経済的に評価すると、100人中3位以下は価値がないのです。10位以下はその他大勢。40位以下は番外です。

自分1人で事業をしてみたら、自分の才能、能力がどのくらいかがよくわかります。100人中30位とか40位の人が「おれは平均より上だ」なんて安心して、サラリーマン時代と同じように9時~5時で週休2日では一発でアウト。「パレートの法則」で分析すると、ほとんどの人は中の下以下になるのです。

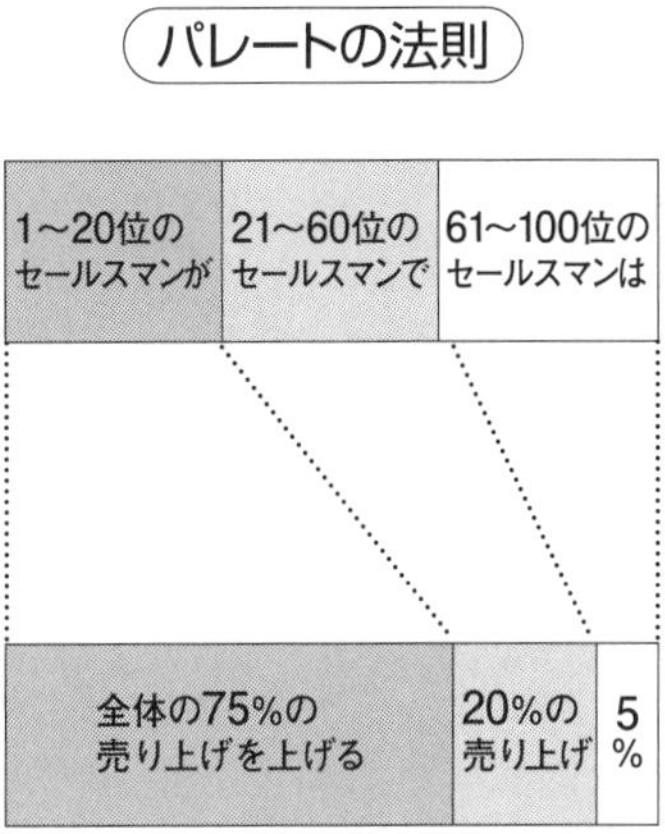

〈x・時間〉

xは努力・忍耐。でも、努力とかは抽象的なんですね。計測できないから、これは「時間」とします。投入時間。これには2乗が付いています。時間は計測しやすいものですね。

〈b・過去の蓄積〉

過去の実積を大ざっぱに分類すると以下のようになります。

①親の財産　②親の七光り　③親の事業相続　④自分のお金　⑤不動産　⑥学歴

それぞれ、詳しく見ていきましょう。

①「親の財産の相続」。土地とか有価証券とかお金とか。わたしの場合は祖父の代からサラリーマンで、まあ大体祖父の代からサラリーマンだったら、ほとんどありません。

②「親の七光り」。いま、地方の県会議員の75%が2代目。わたしなんか絶対に投票したくないですがね。でも、こういう世界では親の七光りの力はあるんですね。これに対し、サラリーマンだったらなにもない。よほど有名企業の役員とかだったらあるけれど、普通はないものでしょう。

③「親の事業の相続」。跡継ぎ。2代目。ボロ会社なら継ぐのも大変ですが、会社が安

泰なら継いでも経済的には悪くないですよね。

④「自分で築いたお金」。最近の調査によると1世帯の平均預金が１５００万円。でも家のローンとか借金もありますし、子どもの養育・教育資金などを考えたら実際に使えるお金は少ないですね。

⑤「不動産」。バブル時代のように土地が値上がりしていればいいですが、いまの郊外の家やマンションなんかはローン以上の価値はないですね。

⑥「学歴」。独立後も実力や人柄が同じなら、一般に学歴がある人のほうが有利ですね。実力社会になったとはいえ、いまでも学歴のメリットは少なからずあります。

これら以外に、男性の場合は、「嫁さんの実家」。場合によっては嫁さんの実家に財政的に助けてもらうという手があります。

しかし、大体75％の人はこの「b・過去の蓄積」がありません。よそから移ってきて、代々の資産がないため、都会に住んでいる人のほうが過去の蓄積が少なくなっているようです。

〈独立したら自力で勝負するしかない〉

自分の成功の要素を棚卸ししてみましたか？

おそらく多くの人は「a・才能」は中か中の下以下でしょう。「b・過去の蓄積」もない、あっても一つくらいの人が多いのではないでしょうか。

つまり、独立したら、普通は自分の実力でやるしかないのです。

人生目標で高いところを目指したら、それが実現するかどうかの可能性は一つしかないのです。その可能性とはなにか、どうすればいいのか、以降、詳しく見ていきましょう。

ポイント

人生の成功要素を棚卸ししよう。
人生＝才能×時間^2＋過去の蓄積。
それぞれの要素がどのレベルに位置するのかを、まずは見極めよう。

「才能」や「過去の蓄積」がなくてもがっかりしない

大多数の人はわたしも含めて「a・才能」も「b・過去の蓄積」もない。aもbも定数ですから、変えることはできません。

しかも、それでも「y・人生」をより良く送るにはどうしたらいいか。

あとはxを上げていくしかありません。x＝努力＝時間。これはいくらでも、自分の意志で上げることが可能なのです。しかもxは2乗になる。

つまり、aもbもなく、それでも人並み以上の成果を望むのなら、長時間労働は不可欠なのです。

素質とか才能に恵まれていない人が優れたなにかを身につけるには、一定以上の量稽古《けいこ》をしないと技が出てきません。量稽古をしないと質や才能も磨かれないのです。

わかりやすいのはスポーツの世界です。サッカーのヘタな人が、人より遅く来て少しだけ練習して早く帰るのでは上達しません。野球もマラソンもみな同じです。

xという努力＝時間を上げない限り、すべては実現しません。「a・才能」も「b・過去の蓄積」も、まして人間性もあまり高くない人がなにかを成し遂げるには、長時間労働を一定期間続けないとならないのです。

この原則はいまの時代に合わないですけど、大事なのはこの原則をどう受け止めるかです。

ポイント

「a・才能」も「b・過去の蓄積」もないあなたは「x・時間」を上げることで「y・人生」を思うままにすることが可能だ。しかも「x・時間」は2乗作用が効く。

人の3倍働くとは時間で言えば1・7倍でいい

では、どれくらい働いたらいいか。

まずモノ差しがないと比較できませんから、モノ差しを設けましょう。

一般的には8時間労働（昼休みを除いて7時間）としている会社が多いので7時間を基準にすることにしましょう。そしてその何倍働けばいいかを考えていきます。

$y = ax^2 + b$。xには2乗がついています。

ですから、たとえば人の2倍働くと言っても、単純に時間を2倍にするのではなく、ルートをかければいいのです。

$7 \times \sqrt{2}$。$\sqrt{2}$は1・41ですから、$7 \times 1 \cdot 41 = 10$時間。人の2倍働くといっても10時間

人の2倍働こうと思ったら

$$7 \times \sqrt{2} = 10\text{時間}$$

人の3倍働こうと思ったら

$$7 \times \sqrt{3} = 12\text{時間}$$

人の4倍働こうと思ったら

$$7 \times \sqrt{4} = 14\text{時間}$$

人の5倍働こうと思ったら

$$7 \times \sqrt{5} = 15\sim16\text{時間}$$

でいいのです。そのくらい働くと人の2倍くらいのアウトプットが出せるようになります。よく言いますよね「できないのなら人の2倍やれ」と。労働時間でいうと労働時間2倍の14時間ではなく、人よりたった3時間多い10時間でいいのです。

同じように計算してみればいいのです。

人の3倍働こうと思ったら7×$\sqrt{3}$で12時間。人の4倍がんばってみたいという場合は7×$\sqrt{4}$で14時間。モノ差しが7時間ですから、労働時間を単純に2倍すれば人の4倍がんばったことになるのです。

5倍は7×$\sqrt{5}$。$\sqrt{5}$は2・23ですから15～16時間。

才能が中とか劣った人がどれくらい働けばそれなりの成果＝アウトプットを出せるか。これはランチェスター法則を応用した必勝の法則というのがあります。アメリカ・コロンビア大学のバーナード・O・コープマンがシミュレーションして計算したんです。

すると、約3倍を投入すると大体勝てるようになります。

それで3倍が「必勝」。よく必勝と言いますでしょ。でも、はちまき締めるのが必勝ではないんですよ。平均の3倍働くのが必勝なんです。でも、ルート3ですから12時間でいい。

4倍が「圧勝」。つまり、1日14時間働けば才能が劣る人でも絶対負けません。なかには「死んだつもりでがんばる」と言う人もいますが、これを「決死型」と言います。

いまのは1日あたりですが、1年単位ではどうなるか。

年間100日程度の休日を除いた中小企業の平均は1850時間。

これが3倍の必勝型なら$\sqrt{3}$で3200時間。

4倍の圧勝型が3700時間、5倍の決死型が4140時間となります。

自分はどうも人より才能や実力が劣ると思った人は4140時間。

これを10年から15年くらい続ければいいのです。

ポイント
「必勝」は人の３倍働けばいい。３倍とは労働時間で１・７倍。
「圧勝」は人の４倍働けばいい。４倍とは労働時間で２倍。

「思いは実現する」に必要なこと

こういう話をすると大体「いやー、そんなに働かなくてもいいでしょう」と言われます。

でも、一代でなにかを成し遂げた人たちがどのくらい働いていたか知っていますか？

世界の偉人伝などを読んで概算すると、エジソンは年間６５００時間で、それを40年間。キューリー夫人も５０００時間を35年はやってますね。本田宗一郎さんは一代で世界のホンダを作った人ですが、あの方も５５００時間を35年やってます。

以前、ラジオを聞いていたら、ホンダ元副社長の入交さんが出演していて、本田宗一郎さんの話をしていました。あるとき、本田さんが仕事をしていて、嫁さんが昼飯を持って来たら、

「おい、かあちゃんよ。今日はだれも出てこないがね。従業員はみんな辞めたんかね」と。

すると、

「なに言ってるの、今日は正月よ」と。

それで本田さんは「ああそうか」と言って、また仕事を始めたそうです。

それくらい休みなく働いていたそうです。

京セラ創業者の稲盛さん。もう第一線は引退しましたが、あの方も、5000時間を30年以上やってますよ。そんな天才や偉人でもやっぱり長時間労働なんです。

ですから、才能にどうも自信がない人は長時間労働をやらない限り自己実現は難しいでしょう。

人生をどうするかという目標を立て、ほんとうにそれを実現するには、まず自分の「a・才能」を測定する。1000人中あるいは1000人中自分は何番目くらいか。それを考えて「b・過去の蓄積」を考え、それから、どれくらい働けばそれが実現するかを考える。前項で述べたとおりです。

アメリカの自己啓発の本はどれも「思いは実現する」と書いています。でも、思って願って紙に書いて眺めれば夢は実現するなんてウソですよ。神社のお札じゃないんだから。

もちろん、夢や目標を明確にするのは大事ですが、問題はその後の行動計画と実行です。

それも身の丈《たけ》にあったもの。才能も過去の蓄積もなく、願うだけじゃ神様も大変ですよ。

あなた自身の努力が不可欠なんです。
ある分野で１０００人中３番以内、かつ、強力な営業力があるなら、独立して年収３０００万円はいけます。１万人の１位なら億万長者も夢じゃない。まあ、めったにいませんけどね。だからこういうのを万が一と言うんです。

ポイント
目標の高さから逆算して、どのくらいの時間を投入すればいいのかを考えよう。

時間戦略成功例　現役の成功起業家の場合

成功者はみんな結果的に長時間労働をしている

企業調査会社のサラリーマン時代を含め、わたしはいままで１万社くらいの企業を見てきました。
この会社はすごいなあと思ったら、その会社の社長に「朝何時に来てますか？」「日曜、祭日はどうしてますか？」と１０００社はききましたね。いまでは、社長の労働時間をきけば経営内容を想定することができるくらいです。

結果は、2代で成功した会社は全部朝が早い。ほとんどが朝7時半までには出社しています。そして、例外なく長時間労働です。

福岡に「福岡クボタ」という会社がありますが、ここは農機のクボタの代理店で日本一です。この大橋会長は朝6時半出勤を50年くらい継続。ボロ会社をナンバーワンに育てました。

第二地銀トップクラスの「福岡シティ銀行」(現・西日本シティ銀行)を創業した四島一二三さんは朝5時の始発電車で出勤。「四島の一番電車」は地元でも有名でした。

ハードディスク用小型モーター世界一の「日本電産」の永守さんも朝6時代出勤をもう30年間。

「カレーココ壱番屋」の創業者・宗次さんは朝6時に出社してお客のアンケートハガキを読むのが日課。

26歳で株式上場、インターネットの企画営業会社「サイバーエージェント」の藤田社長も創業期は週間110時間労働でいまも休みなし。

香酢や青汁でグループ年商300億円を上げる栄養補助食品通販「やずや」も課長以上は毎週4日は7時過ぎから会議。

ホワイトデーを考案した「石村萬盛堂」の石村社長も毎朝６時頃から会社のトイレ掃除を10年以上継続。

38歳の若さで美容外科業界トップクラスになった「聖心美容外科（初代）」の山川院長も３日連続の徹夜を含めて休みなし（ただし、39歳で事業売却、30億長者になってからは、月の半分はトライアスロンをやっています）。

福岡で自己資本比率が90％を超える警備会社「日本ガードサービス」の市川社長も創業10年間は休みなしで徹夜はあたりまえ。

ラーメン業界のカリスマ「博多一風堂」の河原社長も、創業期は３年間休みなしで、その後も年間５０００時間を25年。

シロアリ駆除などの環境衛生大手「サニックス」の宗政社長も創業以来休みなし。以前は毎日、いまも毎週、朝４時から社員と共に山登り研修。

住宅リフォームの「ホームテック」小笠原社長も創業時は事務所や店舗に泊まり込みなんてあたりまえで、休みは年に３日くらい。

「長時間労働は時代に合わない」か？

日本一とか九州一など、すごい人たちばかりの例を並べましたがね。成功者はほぼ例外なく朝が早くて長時間労働。実際に成功した人がやっていることが正しいですね。

最近は起業ブームとか言って、雑誌なんか読むと簡単にだれでも独立できるように書かれています。とんでもないですね。

技の才能が100人中3位以内ならいいですよ。天才はいいんです、長い時間働かなくても。でも、凡人は働く時間が年間3200時間以上でないとダメです。独立する場合、とくに最初の5年間は年間3700時間以上必要です。

「だれでも簡単にラクに成功」はウソ。絶対そういうことはありません。

「長時間労働しなさい」というのはね、ウケが悪いです。イメージも悪いし、カッコも悪い。汗水垂らして働くなんてね。

でも、一つの分野で考えて考えて、一つの狭い分野でものすごい時間を投入しないと、人のできないものを身につけることはできません。いまは大企業でも定年まで勤めるのは至難の業だし、ましてや独立起業する人はゼロからのスタートになります。軌道に乗っても、遊んでいればすぐに環境の変化やライバルに抜かれる。

とにかく、天才以外の凡人が人より抜きん出て豊かな人生、経済的に豊かになるには長時間労働が不可欠なんです。これを正直に書いているビジネス書や経営書は非常に少ない。

いかに時間を効率的に使うかなんて本はたくさんありますが、それは質の分野。普通の人は、まず時間の絶対量を増やさねば質も上がりません。

ポイント

天才でないあなたは（天才だったら話は別ですが）長時間労働以外に豊かになる道はない。それがイヤならサラリーマンに戻ればいい。

上手な時間の使い方

凡人は、長時間労働しないと、何事も成し遂げることができません。

では、どのように時間を使えばいいのでしょうか。

ポイントは、狭い分野に集中して投入し、研究することです。どの分野に投入するかは35歳くらいまでに見つければいい。そのためには転職もどんどんすればいい。

一つの分野に入門クラスで500時間。

たとえば簿記会計があまり好きでない人は、夜学に行って、その後、本や参考書で500時間くらい勉強すれば、ある程度わかるようになります。

知識というのは投入時間で決まります。1000人のなかで上から5位以内になるには累計5000時間は必要です。投入時間もケタ違いになります。

日本全国レベルで上位にいくには、つまり、ある仕事（1万人単位と考えて）で3位以内になるには、一つのことに1万時間はかける必要があります。

日曜祭日を使って1日に7時間投入したとしますね。1万時間を7で割ってください。何日かかるか。20年かかります。

一つの狭い分野で、1000人から1万人のなかでもトップクラスになるには、日曜祭日も7割くらいを投入していって15年から20年かかります。

普通の人が、人にできないものを身につけるには1万時間は必要でしょう。もって生まれた素質の高い天才ならいいですが、そうでなければ日曜も半分以上ぶち込んで10年ではちょっと難しいですね。その程度では他流試合をやったらこてんぱんですね。

実際に1人でやってみたらわかります。サラリーマンとして会社にいるときは集団の力だから、わかりにくい。それくらい現実は厳しいものです。

長時間労働なんてイヤだと感じたかもしれませんが、自分は凡人でも、なにかで自己実現したい、独立して成功したいという人はね、この時間戦略が非常に大事です。

食べるためだけの長時間労働は悲しくて貧しい気持ちになりますが、自分の才能と人間性を磨くために時間を使うのであれば、決して貧しい心にはならないと思います。

ポイント

時間は一つの狭い分野に絞って思い切り投入しよう。

時間戦略5大原則

原則その① 人生の方程式

$y = ax^2 + b$ まずは自分の目標と現状を確認しよう

原則その② 「a・才能」「b・過去の蓄積」がなくてもがっかりするな

原則その③ 「x・時間」を増やせば必ず成功できる

原則その④ 時間を投入するポイントは、

狭い分野に絞って

長期間にわたって

原則その⑤ 成功した先人をみよう。成功に比例した仕事時間を費やしている

あとがき

共著者の栢野克己《かやのかつみ》です。

いま出版業界では1万部を超えるとヒット。3万部超えればベストセラーと言われます。さらに5年後も書店やアマゾンに新刊が並んでいるのは稀有《けう》。大半は数年以内に絶版になり、中古で1円になります（笑）。

ところが『小さな会社★儲けのルール』は、2002年に初版が出て14年。版を重ねて12万部を超え、しかもアマゾン「中小企業経営」ジャンルでは14年間ほぼ毎週1位から5位以内です。さらに10年過ぎても中古本は1000円前後。「アマゾンが選ぶビジネス書100冊」にも選ばれ、トーハンや日販の常備指定書にもなりました。

出版当初1年で5万部前後売れましたが、10万部を超えたのは2014年前後。たいした部数ではないですが、半年や1年で10万部売れるより、毎年の増刷を重ねて10年後に10

万部を超えるというのは、まさにロングセラーの称号をいただいたようで大変うれしい限りです。

そして今回の新版。基本戦略の部分は不変ですが、事例の大半を新しく入れ替えました。事例が古いので新しく変えたものもあれば、実は1割ほどの会社は倒産や廃業、破産、痴呆《ちほう》や原因不明で死亡した経営者もいます。当時は成功事例でしたが、良くも悪くもこの世は諸行無常。諸々のことは常ではない。人が100％死ぬのと同じく、100年企業も統計上は1％もありません。

ちなみに倒産や破産した原因は、そのほとんどが拡大しすぎや傲岸不遜《ごうがんふそん》・勘違い。でも、その大半は民事再生から再建に成功したり、新たな起業で元気に復活しています。

さてわたしは、2002年当時は単なる零細広告代理業で、『小さな会社★儲けのルール』は竹田陽一のゴーストライターとして書き始めました。

当時で10年以上の付き合いがあり、いまも続けているセミナー勉強会「九州ベンチャー大学」で竹田陽一の講義をシリーズで20回ほど主催していた縁からです。

フォレスト出版から竹田陽一に、起業を目指す人や業歴の浅い人向けのランチェスター入門書の執筆依頼があったのですが、類似書をその数年前に出してまったく売れず、だれかライターに書かせたら？　の話が1年後、わたしに回ってきたのです。

わたしは竹田陽一の本も教材も全部持っていましたし、主催セミナーもすでに20回もやっていました。入門レベルならオレにも書けると思ったのですが、本や教材を見返してもほとんどわからない。しかし、わたしが主催した竹田陽一のライブ講演は面白かった。「そうだ。あの音声を文字に起こしてみよう。初心者のわたしがわからない部分は省こう。理論だけでは眠いから、実名の事例をたくさん入れよう」と、3カ月の突貫工事で書いたのが初版だったのです。

ふと思いつき、どうせ売れないだろうがこの本は全国発売だ。ダメ元で「私の名前も出して共著にしてください！」と竹田陽一にFAXすると、即座にOKの返信が。しかし見本が届いたときも、私が書いたこんなレベルの低い本は売れるはずがない。竹田陽一の名を汚して申し訳ない。読者にも申し訳ないと、本気で思っていました。

とくに販促もせず、当初1回、東京で出版記念セミナーをやった程度。恥ずかしいので地元福岡ではシレッとしていました。するとポツポツと読者から感想ハガキやアマゾンレビューに書き込みが。「目から鱗《うろこ》でした」「衝撃的でした」「大いに役立った」には、お世辞ばっかりと本気で思っていました。

さらに、わたしのほうにも講演や研修講師、個別相談の依頼が入り始めました。竹田陽一は敷居が高く、わたしなら講演料も安いと思ったんでしょう。正直、あの本を書いたのはわたしですが、経営戦略のことはわからない。竹田陽一のライブをまとめただけ。「本と同じ内容と事例なら話せます」と言わずに先生ヅラして行くと、意外にもまあまあアドリブで話せました（笑）。


こうして本が出て講演依頼が増えていった4カ月後、安い講演料だったので逆に気楽になり、「今日は好き勝手に話させてもらおう」と、初めて資料なしのアドリブで2日連続で講演。初日が経営戦略と事例、2日目は人生逆転系を話したのですが、これがまさにゾーンに入りました。

天啓《てんけい》に出逢ったというか、アドリブで話しながら、なんでこんなに次から次に言葉が出るのか？　と自分を客観的に見ながらも、ノリまくって話しました。もちろん毒舌満載で……。

それは山口県での講演でしたが、講演が終わると名刺交換の行列。3カ月ほど髪もヒゲも伸ばし放題で、服もオレンジパーカーに運動靴。

狂ってましたね。

実はその講演後、主催の西京銀行には「なんであんな下品な講師を呼ぶんだ」とクレームがあり、成功事例で出した「やずや」には「なんであんな講演家と付き合ってるんだ？」とクレームの電話があったのですが、両社から「こんな電話あったけど、気にせず好き勝手にやりなさい」と言っていただき、逆に勇気100倍。

わかったんです。この本もオレのレベルも低いが、普段は本も読まないローカル零細企業の社長や自営業の個人事業主には、バカのクソの漫談みたいな栢野レベルでいいんだと。都会の大企業や優秀な経営者には物足りないが、東京のエリート講師著者コンサルが行かない地方の中小零細企業団体、商工会議所や商工会、若くてノリがイイ青年会議所ともウマが合う。理論はまあ正統派で事例も多くてわかりやすい。合い間に下ネタや笑いもある。いつもの講演やセミナーは眠いが、この講師なら宴会前の前座講演で使える……と、自分でも思ったんです。

東京のエリート講師の逆。つまり、この本に書いている通り、後発弱者の自分でも勝ちやすい商品（アドリブで眠くない・事例が多くてわかりやすい講演）、地域（大都市以外の地方都市）、客層（田舎の零細社長や自営業）がわかったのです。

本も自分でキャリーバッグに積んで会場で接近戦販売。ネットではブログやメルマガで読者と双方向に会話。書店も講演の合い間にアナログであいさつしまくり、毎月の講師を招いた主催勉強会も継続し、本を手売りで売りまくりました。

田舎の小さな会社を対象にした本の出版と全国を廻って旅をする講演家。合い間に地元でも毎月、成功した起業家を招いたセミナー交流会も継続。まさに天職に出逢い、この10年で全国47都道府県すべて、そしてアジア各地で講演し、講演回数も約１３００回。主催の勉強会も大小合わせて１０００回以上で、小さな会社の成功事例講演家では、ローカルの零細企業向けＢ級講師としては日本一かもしれません。

この夢のような10数年の間には、家族４人で1年間かけて世界1周貧乏旅行というトチ狂ったこともやり、帰国後はスッカラカンに。ところが追い込まれたハングリーパワーと世界を観てきたというワケのわからん自信も出て、さらに調子に乗りました。

あちこちで暴言やトラブルを起こし、内容証明もＪＡＬや他社から送りつけられ、プライドの高い士業の人からも名誉棄損で訴えられました。裁判所から被告人として呼び出しを受けたときは、これは貴重な経験だと自分で答弁反論書を書き、福岡地裁で2度ほど法廷に立ちました。わずかな金額ですぐ和解しましたが……。

この頃、妻に腎臓ガンが見つかって、腎臓1個摘出する大手術をしました。そんな妻への気づかいもいたわりも思いやる心もなく、自分の至らなさにもほぼ気づかず。全国への講演行脚や口論でケンカを売った相手との闘争にも夢中になり、収まると興味は自分の自己実現のみという状態でした。

講演はある程度極めたから、次はランチェスターとドラッカーを咀嚼《そしゃく》し、好きなマズローやデール・カーネギーも消化しよう、その延長で自分オリジナルの本を書こうと5冊目にチャレンジ。丸2年間の〝迷走〟と〝瞑想《めいそう》〟で行き詰まり、やっと出た30万部狙いの自己啓発書は、アマゾンレビューはどれもいいのに初版8000部止まりでした。

ただ幸いにも次の執筆依頼を二ついただきました。しかし、講演も外に出る仕事も控えて考えすぎて、カッコつけすぎの書き直しで最近まで3年間迷走し続けました。

そんななか、子どもがらみの、我が家にとっては大事件も勃発し、妻と知人の社長が命がけの忍耐強い対応で解決（わたしはほぼ無力でした）。その直後、わたしは些細《ささい》なことで子どもを大声で叱責《しっせき》し、子どもをかばった妻にもキレ、大声で罵倒《ばとう》。手は出していませんが、「出て行け！　離婚だ！」と歯磨きをしながら半分きこえないように言った翌日、子どもとはお互いケロッと顔を合わすも、妻がいない……。

まあ過去にも3、4回ありました。そのうち戻ると思ったのですが、2週間経っても音信不通。子どもと一緒の写真を添えて、ＬＩＮＥに「ママ〜、早く帰ってきてー！」と送った翌日、それはそれは長いＬＩＮＥの返信がきました。

ひと言でいうと「結婚20年。わたしはあなたの思いやりのなさと狂気と躁《そう》うつを我慢し、耐えに耐えてきました。何度かあなたも反省し、あなたが変わることを期待しましたが、結局あなたは変わらなかった。もうダメです。離婚してください。直接会うのも話すのもイヤなので、今後は女性弁護士を立てます」と。

そんなバカな。いつもの痴話喧嘩《げんか》じゃないか……。

「なぜだ⁉」とあわてて「熟年離婚　原因」と検索すると、ほとんど自分と同じバカ男の原因と結果の典型的な事例のオンパレード。経営と同じく、家庭内や夫婦の課題や問題も昔から変わっていない。傾向と対策と答えも本やネットに山ほどありました。

しかし、痛い目にあうまではまったく気づかないんですね。崩壊の兆候とプチ危機は何度か感じましたが、「まあ、うちは大丈夫」くらいの気持ちでした。

妻からわたしへの真剣なお願いや、改めてほしい言動の手紙も何度か受け取り、その場では反省しましたが、いつも翌日には忘れていました。妻や子どもへのDVはなく、怒鳴ることも滅多になかったのですが、それはわたしが自分で覚えていないだけだったのかもしれません。

結婚20年で大きな躁うつは3回ほどありました。「うつのときは落ち込んでいつも優しい。あなたが調子に乗ってハイになったときが怖い」と。

『小さな会社★儲けのルール』が売れて、講演会で先生と呼ばれ、この約10年は絶好調でハイなままでした。明らかに調子に乗ってエラソーな言動で噛《か》みつきまくっていました。本がヒットした直後から、妻はうつで通院と薬を飲んでいました。見て見ぬふりをしていましたが、原因はわたしだということに10年以上も気づかなかったのです。本当に気づいたのは、このあとがきを書いている最中です。

妻が家を出て1年が経ちましたが、これまで2回ほど弁護士から事務的連絡があったあとは何も音沙汰もなし。今春になって下の子どもも就職して寮に入りました。上の子どもは3年前に大学の寮に入って家を出ているので、私は22年ぶりの独り暮らしです。

いままでは家に帰ると必ずだれかがいましたが、いざ独りになると、なんでもないようなことが幸せだったと思います。ちょうど1年前の芸能人離婚騒動で流れていた歌詞は名言でした。

すべては時が解決するのか、今年になって連発のゲスの極み的な不倫騒動も他人事ではなく、浮いた話もチラッとあったり。自炊手料理の独身生活にも徐々に慣れてきました。

先月、人工透析を受けていた弟にわたしの腎臓を1個摘出して移植しました。それは、わたしのせいで腎臓ガンになった妻への贖罪《しょくざい》も兼ねていたからかもしれません。少し覚悟が必要な手術でしたが、その手術も成功して弟の体調も絶好調。小便が毎日できるのは最高と言います。寿命も推定15年は延びたかもと思っております。

この本も初版からの単なる増刷ではなく、事例を更新した新版に昇格しました。ありがとうございます。

また、3年前から長らく迷走していた、昨年脱稿済みの8冊目の本も秋には出るようです。すでに9冊目の打診もいただき、公私共に久々のモテ期？　なんでしょうか。

この『新版　小さな会社★儲けのルール』の元になった本の事例は、１９９２年から現在まで続くセミナー交流会「九州ベンチャー大学」から生まれました。その裏方の案内発送や会報の作成、受付や会計も妻が手伝ってくれたからこそいまがあります。その20年の基礎があってこそ、この新版も世に出すことができました。

読者のみなさんや書店さん、チャンスをいただいた竹田先生や出版社、事例に登場いただいた方々にはもちろんですが、個人的に一番、感謝したいのは別居中の妻です。20年以上経って初めて気づきました。長い間、迷惑ばかりかけて申し訳ありません。

本当にありがとうございます。

2016年7月1日

㈱インタークロス　栢野　克己

竹田陽一（たけだ・よういち）
中小企業コンサルタント。ランチェスター経営㈱代表。福岡県久留米市出身。福岡大学経済学部卒業後、建材メーカーで経理と営業を経験。28歳のときに企業調査会社㈱東京商工リサーチに転職。34歳のときセミナーに参加してランチェスターの法則と出会う。44歳のとき起業してランチェスター経営を創業。以後、全国を講演で回り、講演回数は4300回を超える。また、中小企業の社長向けに経営戦略CD150巻、DVD100巻を制作・販売している。中小企業コンサルタントの名手として、不動のポジションをキープし続けている。この間ランチェスター先生の墓参りは7回している。
主な著書に、『社長のためのランチェスター式学習法』『1枚のはがきで売上を伸ばす法』（以上、あさ出版）、『小さな会社★社長のルール』『なぜ、「会社の数字」は達成されないのか？』『THE LANCHESTER STRATEGY FOR MANAGEMENT（英文のランチェスター戦略）』（以上、フォレスト出版）がある。

栢野克己（かやの・かつみ）

零細企業コンサルタント、小さな会社やお店向けの講演家、コーチ・カウンセラー。㈱インタークロス／九州ベンチャー大学・代表。福岡県生まれ。立命館大学卒業後、ヤマハ発動機、リクルート、IBM リース、アド通信社などを経て、1995 年に㈱インタークロスを設立。年間 100 回ほど全国の商工会議所や各種団体で講演を行なう。近年は、日本商工会議所の全国大会＋青年会議所の九州大会で基調講演や中国・タイ・ベトナム・インドなど、全国 47 都道府県とアジア各国、合わせて 1300 回以上の講演実績がある。各分野の成功起業家を招いたセミナー勉強会「九州ベンチャー大学」「人生経営計画ゼミ」「缶ビール会」を 1992 年より 1000 回以上、現在も継続。「個別相談」はネット、電話、面会で毎日対応。

主な著書に、『弱者の戦略』『創業者夫婦が初めて語る「やずや」の秘密』（以上、経済界）、『逆転 バカ社長～天職発見の人生マニュアル』（石風社）、竹田陽一との共著に『小さな会社★儲けのルール』（フォレスト出版）、『35 歳から一生負けない生き方』（経済界）がある。

①「かやのかつみ」で検索すると約 6 万件ヒット。ホームページ、ブログ、フェイスブック、YouTube、Twitter などに各種情報や動画があります。気軽に連絡ください。

②「読者プレゼント」。この本の読者の方に有料販売している「成功事例の動画・音声ファイル」を贈ります。「かやのかつみ」検索で出たホームページやフェイスブック等で、あなたの簡単な自己紹介、送付先住所、メールアドレスをお送りください。

③「講演依頼」。全国どこでもアジアでも、わたしで良ければ講演にうかがいます。基本の成功法則 + 最新の成功事例を多数、紹介します。講演料は気にせず、気軽に連絡ください。

お問い合わせはメール・フェイスブック・LINE・電話・FAX で。
インタークロス・栢野克己（かやのかつみ）
〒 810-0073 福岡市中央区舞鶴 2-7-21-803
メールは　kaya@hf.rim.or.jp
各種サイトは「かやのかつみ」で検索
電話 090-3604-6735　FAX 092-781-5354

新版 小さな会社★儲けのルール
ランチェスター経営7つの成功戦略

2016年8月2日　初版発行
2024年6月30日　6刷発行

著　者　竹田陽一
　　　　栢野克己
発行者　太田　宏
発行所　フォレスト出版株式会社
〒162-0824 東京都新宿区揚場町2－18　白宝ビル7F
電話　03-5229-5750（営業）
　　　03-5229-5757（編集）
URL　http://www.forestpub.co.jp

印刷・製本　中央精版印刷株式会社

ISBN978-4-89451-720-2　Printed in Japan